なめられない品格

GRAVITAS

リサ・サン 著
山口真由 序文
鹿田昌美 訳

誰からも信頼される
ようになる8つの力

JN111711

飛鳥新社

序文

「品格」で私たちの才能はもっと輝く

法学博士　山口真由

それは「資産運用はお考えですか？」という電話セールスに誘われて赴《おもむ》いた銀行の応接室でのことだった。担当を名乗る若い女性が「全国各地の店舗に引っ張りだこなので本店にいる機会が少ないのですが……」と上司を部屋に招き入れた。私よりもやや年上のその男性は「それでさ、そもそも株とか不動産とかどれくらい経験があるの？」と、開口一番、尋ねてきた。

かーっと身体が熱くなる。私は顧客としてここにいる。若いときから20年、一生懸命に働いてこつこつと貯めた相応の金額をこの銀行に預けている。それにもかかわらず、敬語でなくタメ口で、かつ、上から目線のこの切り出し方。そこには私へのリスペクトが一切ない。だが本質的に絶望したのは次の瞬間だった。

「ぜんぜん経験ないんです。ぜひ教えてください」

ふさわしい扱いを受けていないと抗議するでもなく、自分の知識を毅然《きぜん》と説明するでもなく、必要以上の無知を装って迎合している自分がいた。

今までに同じような経験を何度もしている。ひとりでタクシーに乗ったとき、講演の前に頭の整理をしておきたいのに運転手さんの馴れ馴れしいおしゃべりに付き合ってしまった。コメンテーターとして出演しているテレビでも、誰よりも準備をしているという自負があるのに、私のところであまり時間を取ってはいけないと焦って早口になってしまう。

この本を読みながら、目を覆っていた鱗《うろこ》が剝《は》がされていくのを感じた。いつも正当に評価されていないと思い込んできた。違うのだ、自分を過小評価し、安っぽいものに見せてしまったのは自分自身だった。

それは私だけではない。周囲の優秀な女性たちの多くは、コミュニケーション力に富み、献身的で自ら手を動かすことを厭《いと》わない。だが、ワンランク上のキャリアへと向かう坂道で、リーダーシップ、インパクト、イノベーティブな能力……表現は違えど「何かが足りない」と宣告されている。それならばと、従来、男性的とされてきた剛腕で強気な態度を身につけようとしても、そういう〝借りてきた能力〟は肌になじまない。不自然だったり、空回りして、悪循環に陥っているのを目にしてきた。

この本で、リサは「私たちに足りないのは『品格』だ」と語りかける。勤勉で謙虚な女性の地位を引き上げてくれるもう一味は、強烈な個性でも強力なコネでもなく、「品格」なのだと。押しの強いリーダーとか、アグレッシブなマネージャーとか、自分の中にまったくない人格をつくり出す必要など実はどこにもなかった。

答えは常に内側にある。私たちの中には輝くような才能が備わっている。それに気づいて、大事に育ててあげればいい。それがあなたに確固たる芯を与え、ごく自然な所作の中に滲《にじ》みだす確かな自信があなたを包むオーラとなる。

そう、この本の方法を実行すれば、最終的に私たちは「品格」というドレスを身にまとって、高みへと続く一歩をともに踏み出せるだろう。

はじめに

ちゃんとやっているのに軽く見られがちなあなたへ

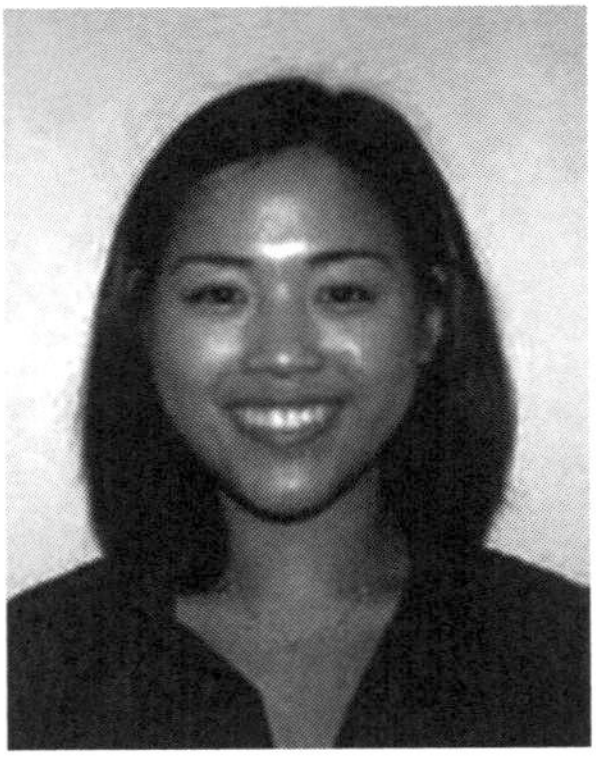

（著者のマッキンゼー時代の ID 写真〈2000 年 9 月〉）

〝リサ・サンの年次評価〟

「リサは若く、時折、熱心すぎる印象。もっと『グラビタス（Gravitas）』を追求すべき」

この年次評価は、私の人生を変えた言葉です。

当時の私は、世界的な経営コンサルティング会社マッキンゼー・アンド・カンパニーのビジネスアナリストとして勤務1年目。初めての年次評価のこの2行を読んで、「これでマッキンゼーでのキャリアは終わった……」と思いました。２００１年の金曜日の午後、私はホワイトハウスが見晴らせる角部屋の役員室のグレーの高級ソファに、開発グループのリーダーである上司のダイアンと向かい合って座っていました。

「目を通しておいてね」

ダイアンが評価シートを手渡しました。

「リサは若く、時折、熱心すぎる印象。もっと『グラビタス（Ｇｒａｖｉｔａｓ）』を追求すべき」

残りを読もうとしても、視線がどうしてもこの2行に戻ってしまう――「グラビタス」。実はこの単語の意味がよくわからず、大学を卒業したての22歳には、質問する勇気がありません。気持ちがらせんを描いて急降下し、ダイアンのコメントがまるで聞き取れず、頭に入ってきません。

前向きな評価も多々ありました。

みんながあなたと一緒に働くことを楽しんでいる。クライアントとの付き合いが上手で、彼らのためにプラスアルファの働きができる。問題解決能力が秀逸。**評価の99％は肯定的なのに、否定的な意見だけが心に刺さるのです（そういう経験、ありませんか？）**。

面談の後に、自分の机に戻って辞書で「グラビタス」を調べました。「品格、貫禄、中身の深さ」。

ああ、ダイアンの言うとおりだ。私には「品格」が欠けている。そのせいで軽く見られたり、なめられたりすることもある。どうすれば身につけられる？　私は考え込んでしまいました。もう少し話を聞きたいと思い、その日のうちに、化粧室に向かうダイアンをつかまえて、こう尋《たず》ねました。

「ダイアン、どうすれば人になめられないような品格を身につけられますか？」

するとダイアンは「新しい服と立派な靴と豪華なジュエリーを買いに行きなさい」と答えて、そのまま廊下を歩き去りました。

新しい服を買いなさい、って？　それがアドバイス？　私は釈然としませんでした。

後に勇気をふり絞って、ダイアンに詳しい説明を求めました。すると彼女はこう言ったのです。

「毎朝、目が覚めて最初に見るのは自分の姿でしょう？　鏡に映った自分のことを好きになってほしいのよ。私には、仕事のやり方は教えられても、自分を好きになる方法を教えてあげることはできないわ」

私がまだ腑《ふ》に落ちない顔をしていると、ダイアンはおなじみの子ども向けの物語を例に出しました。

「『ダンボ』の話を覚えてる？　魔法の羽があれば空を飛べると信じていたでしょう？　でも本当は、そもそも飛ぶことができたの。羽を手に入れたことで、飛べることを思い出したわけ。私にとっては、それが素敵な服なの――自分の魅力に目を向けることを思い出させてくれるから。

大切なのは服そのものや他人の視線じゃなくて、自分自身を信頼すること。目に映る自分の姿を好きになれたら、その自信を持ったまま一日を過ごせるわ」

なるほど、服装についてではなく、オフィスに足を踏み入れる前から自分を好きでいなさい、というのが彼女のアドバイスだったのです。この運命の日から11年かかって、ようやく意味がわかりました。要するにそれは**「自分に自信を持つ選択をする」**こと。自分にしかない強みを理解すれば、その長所を信頼することができ、他人からもそこに目を向けてもらえる。**自分が持っていることを知らなければ、人に与えられないのです。**ダイアンは、仕事の成長は助けてくれても、私に自信を授けることはできない。それができるのは、自分だけ。

努力し続けた先に見えてきたもの

ようやく気づきを得た私は、自分が立ち上げた会社に「グラビタス」という名前をつけました。

私には経営者の血が流れています。両親は大学教育を受けた台湾人で、私は移民の娘として、起業家夫婦の家庭に生を受けました。私が生まれる前にアメリカにやってきた両親は、カリフォルニアに到着したときにはお金がなく、英語もほとんどわかりませんでした。母はハンバーガーを売るキッチンカーの職を得て、父は荷物の積み込み作業をし、持ち前の根性と忍耐力を活かして、ついに独立して小さな会社を所有し、家族経営を始めたのです。

私は起業家の姿を目の当たりにして育ち、手伝いを頼まれて両親と肩を並べて働くこともしょっちゅう。それは移民二世の第一子である娘に当たり前に期待されていることなので、何の疑問も持ちませんでした。「先見の明と信念を胸に、常に自分を信じ、へこんでも立ち直る根性を持ち、親切であること」を、最初に教えてくれたのは両親でした。

教育が、より良い人生への扉を開けてくれました。法科大学院や医学部や英国大学院といった可能性が開かれ、あらゆる標準テストのために限界まで勉強する日々を送りました。母は「タイガーマザー」（中華系のスパルタ式教育ママを意味する）という言葉が一般的ではなかった時代から「タイガーマザー」でした！　そしてついにマッキンゼー・アンド・カンパニーに職を得て、11年働きました。経営コンサルタントの平均在職期間が1年半から2年であることを考えると、けっこうな長期間です。

おそれ多くも、20代から30代にかけて、世界をリードする思想家たちと共に働き、フォーチュン５００企業の幹部たちの重大な問題を短時間で解決するという仕事をさせてもらったのは、光栄極まりない経験です。

今でも、頻繁に足を運んだ経営幹部のオフィスや役員室に畏敬《いけい》の念を抱《いだ》いています。私はそういった場所で顧客サービスの力を学び（「私の仕事は他人の成功を助けること」）、超トップレベルの経営者から指導を受け、リーダーやコーチになる術を学ばせてもらいました。

ところが、10年以上コンサルタントの道を歩んだ後に、燃え尽きてしまいました……。一日20時間の勤務、ひっきりなしの出張、クライアントとチームの同僚から常に即レスを求められるプレッシャー、昇進のための厳しいパフォーマンス指標に、参ってしまったのです。

私は生まれて初めて「一時停止ボタン」を押しました。1年以上の休暇を取るという贅沢《ぜいたく》をすることにしたのは、せっせと貯めた蓄えに手を付ける価値があると判断したからです。飛行機にしょっちゅう乗っていたので数千マイル分のポイントを旅行に充てることができ、休暇の最後の2か月間は、引退して故郷の台湾に暮らす両親と一緒に過ごしました。滞在の最後の週に、母が言いました。

「リサ、家の居心地がよくても、ここに住むことはできないよ。仕事を探しなさい」

私は母をじっと見つめて、こう言いました。

「実は、ずっと温めているアイデアがあって……」

人生の点と点は後できっとつながる

その頃、ウォルター・アイザックソンが著したスティーブ・ジョブズの評伝を読み、スタンフォード大学の卒業式の伝説のスピーチを思い出していました。ジョブズは、具体的な人生経験がどのように自分の道を形作ってきたかをふり返り、**「点と点をつなげる」**ことを提唱していました。

例えば、大学を中退したので必須科目を履修する必要がなくなり、カリグラフィーの授業を聴講できたことが、マッキントッシュ・コンピューターが初めて採用した美しい書体につながったこと。アップル社を解雇されたことが、ピクサー社を設立して恋に落ちることにつながったこと。とりわけ私の心に響いたのが、スピーチの次の箇所です。

「未来を見て点と点をつなぐことはできない。後ろをふり返って初めて、点と点をつなげることができる。だから、今取り組んでいることが、将来に何らかの形でつながることを信じるべきだ。自分の直感、運命、人生、カルマなど、何かに信頼を置く必要がある。このアプローチに失望させられたことは一度もなく、これが私の人生を大きく変えてくれた」

この言葉を心に留めて、休暇の1年の間に、自分の人生の「点」をふり返りました。思い出やアイデアや思考を、旅先で手に入れた布ナプキンに書き留めたのです。「品格」がないと言われたこと。服のサイズが変わってもベストの見た目になる方法を会得し（私はサイズXXLとMとLを経験しています）、そのスキルを活かした経験についても思い出しました。

どんなシルエットが自分の体型にフィットするのか、どんなアクセサリーが味方になるのか、服をいかに上手に組み合わせるか。工夫するのがあまりにも楽しかったので、空き時間に友人や同僚にアドバイスをしていました。クロゼットを見せてもらい、服を整理し、スタイリングし、コーディネートを完成させるのが、私のひそかな趣味でした。それまで深く考えませんでしたが、人生の「点」をふり返るなかで、「女性に何を着るべきかのアドバイスをすること」がとても楽しかったことに気づいたのです。

私は母に、人生の「点」をつづったナプキンを見せました。それぞれの点は、ひらめいたときに手元にあったペンやらマーカーやらを使って記してありました。母は、こう言いました。

「ナプキンでは仕事にならないよ。貯金はいくらあるの？」

私が10年働いて貯めた金額を告《つ》げると、母は言いました。

「それは素晴らしい。自分に賭けてみなさい」

翌朝目を覚ますと、受信ボックスに、私の弁護士と会計士から、会社設立の書類や銀行口座の申込書など、10通のメールが届いていました。母がメールを送って、私が起業することを伝えたのです。ベッドから跳び起きてキッチンに行くと、母が朝食をとっていました。

「お母さん、昨晩何をしたの？」

「あんたには根性がない。私には根性がある。だからインターネットに接続して、昨晩、会社を始めたのよ」

自分の強みをあぶり出す意外な質問とは？

こうして2013年、服に秘められた変革のパワーに気づいた私は、「自信を促進する」を使命にグラビタス社を設立しました。商品とサービスを通じて、〈最高の自分を体現する〉というプレゼントを女性たちに贈りたい――そう考えたのです。

最初は、完璧な服を提供することしか念頭にありませんでした。補整下着を仕込んだ高級生地を使い見栄えのするディテールのドレスを、あらゆる体型向けにサイズ0から24ワイド（Sから特大XXL）まで細かくそろえました。

会社を始めてすぐに気づいたのは、自分がドレス以上のものを顧客に提供していることでした。会社設立から2か月足らずのうちに、女性たちから、人生経験を語るメールや手書きの手紙が届き始めたのです。

航空会社の客室乗務員の職を解雇され、母親のお葬式と新たな職場の面接に、最後の給料で買ったドレスを着て行った女性。地方高等裁判所の判事に立候補するために自宅を売却し、60％以上の得票率で当選して、2人の息子にグラビタス社のドレスの上に判事のローブを着せてもらっている動画を送ってくれた女性。離婚を経験し、買ったドレスを息子の高校の卒業式と就職面接に使い、ほぼ20年ぶりに職場復帰するフルタイム勤務の女性。ある幹部の女性は、会社の運営委員会に初めて出席し、ドレスのタグに刻まれた「グラビタス」の文字のおかげで強い気持ちになれた、と書いていました。

こうした数々のエピソードが、私がサービスを提供する女性たちを直接知りたい、という叫び声になって自分の中に響きました。そこで、直接自分が女性に服装のアドバイスをするポップアップストアを立ち上げたのです。名付けて「**コンフィデンス・クロゼット（自信のクロゼット）**」です。

「試着室はその日の気分を決める場所」であることを、全国の女性への何千回ものアドバイスを通じて学びました。私を含めた多くの女性は、失敗することを前提に試着室に入ります。そして試着を始める前から、自分の体の嫌いな点について、あますことなく説明します。

「自分の腕（またはヒップ、太もも、バスト）が嫌なんです」

「あと5キロ痩《や》せたいんです」

「胴が長くて変な体型なんです」

「出産したばかりで、まだ体重が落ちなくて……」

あらゆる服を試してみたけれど、どれも似合わない、とお客様は私に告げます。そして自分を責めます。下着姿で鏡の前に立つことは、大人の女性が経験する、最も過酷で内省的になる瞬間ではないでしょうか。

でも、**弱みをさらけ出す瞬間こそが、最大限に変化する糸口を見つけるチャンスです。**私は、事前に選んでおいた服をお客様が見る前から、**試着室のムードを「自己否定の小部屋」から「ポジティブなエネルギーのプラットフォーム」へと変えます。**

まずは、少女の頃に新しい服を買ったときの気持ちを思い出してもらいます。あの頃の自分が欲しかった、お気に入りの色のふわりとしたドレス。痩せているとか太っているとかサイズが何号だとか、そんな言葉を試着室に持ち込む以前の感覚を取り戻してもらうのです。試着のときは、最初に服と関係のない質問を2、3します。なぜなら、この部屋で起きていることは、布製品とはほぼ無関係だからです。私は次のようなことを尋ねます。

◇あなたがこれまで成し遂げたこと
◇これについては私が世界一！　という得意なこと（この質問に全員が困惑します。自分を称賛できないために、称賛されても受け取れない人がなんと多いことでしょう！）
◇このドレスを着て何をしたいか
◇このドレスにどんな役目を果たしてもらいたいか

質問を通じて、お客様が自分のどこが好きなのかを把握していきます。なぜなら、大切なのはドレスに自分を合わせることではなく、最終的に自分にぴったり合うドレスを見つけることだから。それは私の仕事であり、お客様の仕事ではありません。

完了したら、鏡を見てもらいます。すると多くの人が、私が鏡に手を加えたのだと勘違いします。

「この鏡、おかしいわ。痩せて見える鏡じゃない？」

けげんな顔で自分の姿を見て、「あなたこれ、どうやったの？」と尋ねます。
私は、これが魔法のドレスではないことを伝えます（ちなみに鏡はホームセンターで買ったものので、痩せて見える鏡ではありません！）。お客様の良さを最大限に引き出したまでです、と。

試着室では人生のすべてが現れる

試着室では、体型の悩みを吐き出すだけではなく、人生の「行き詰まり」にまで話が及ぶことがよくあります。

離婚することになった。機会が限られた職場で働いている。育児に専念しているが気持ちが満たされない。子どもたちが成人して人生の次の章に進む岐路に立っている。状況はさまざまですが、感情には共通するものがありました。

私も試着室にいるお客様と同じく女性であるので、似たような悩みも経験しています。移民の長女である私は、支払いに追われる両親のもとで、「よそ者」として育ちました。さまざまな浮き沈みを経験し、服のサイズまで激変しました。職場で抑圧されている、過小評価されていると感じ、恋愛においてもそれなりに失望を味わいました。試着室という極めて親密な空間を共有することで、即座に弱点を突き止めることができました。

試着の最後に、必ずお客様に「自分のチャームポイント」を尋ねます。体の特徴ではなく、内面についてです。お客様が思いつかないときは、私からの印象を伝えました。

「周りの人をとても気遣っていらっしゃることに感激しました」

「素晴らしい実績を積まれてきたのですね。驚きました」

「ご専門の分野についてご教示いただき、とても勉強になりました」

たいていの場合、長所は自分では見えないので、他の誰かが質問するか、教えてくれないとわからないのです。「コンフィデンス・クロゼット」でお客様と過ごした時間は、女性が私のドレスを何らかの「魔法」のように思ってくれている一方で、ドレスはその人の才能を思い出させてくれるきっかけにすぎないことを教えてくれました。私はお客様に、**「あなたの強みを受け入れ、疑いや恐れをシャットアウトして、周囲の人に才能をシェアしてください」**と伝えています。ぜひ行動してください、と。


真の自信は、内側にある信念が外に現れたものであり、その信念が行動に変換されます。表面に現れるのは最終的な結果だけですが、作業のほとんどは内面で行われているのです。

本書は、この試着室の延長線上にあります。**不安を抱えずに生きている人なんていません。人生を変えるために自分に自信を持つかどうかは、あなたが選択することなのです。**「自意識過剰になってクヨクヨするのではなく、自分に自信を持つ」という選択をしましょう。

本書では、あなた自身の最高の部分を見て、つきまとう不安を手放し、状況や人間関係を巧みに乗り切る方法をお教えします。自分に自信を持つというシンプルなアプローチが、人生をがらりと変えてくれるはずです。

〈なめられない私〉になるために

社会には女性を抑圧する不文律がたくさんあります。システムは、私たちが構築したものでもなければ、私たちのために構築されたものでもありません。そのため私たちは、平等の権利（進行中）、賃金の平等（まだ努力が必要）、人種的正義（目が開かれつつある）を求める闘いにおいて、道を模索中です。その上、日常生活のなかで個人的に声を上げることには高いハードルがあります。

私たちはいまだに、他人がどう思うかを気にかけ、昇給や銀行の融資を求めることを遠慮し、誰かが自分のアイデアを盗んだり、切り捨てたり、声をかき消したりしても沈黙し、昇進を与えられると自分を疑います。

そして、ようやく勇気を奮い起こしても、多くの人が、当然のことを要求するときに「すみません」と謝ってしまいます。**もしも私たちひとりひとりが人生において揺るがない品格を持ち、**

なめられなくなる技術を習得すれば、周囲に振り回されることなく集団に貢献するチャンスが得られるでしょう。

私がこれまで見てきた、女性の足を引っ張る最大の要因のひとつが「自分の価値を知らない」ことです。ルールを打ち破り、欲しいものを手に入れる前に、まずは自身の価値について十分に理解する必要があります。そこで課題となるのが**「どうすれば一度にすべてが変わるのか」**。女性のマインドセット（思考の癖）を一度に変える方法はあるのでしょうか？

マインドセットを一新したい。これが、なめられない品格を細かく分析しながら一枚の絵に仕立てるにあたっての、私のインスピレーションです。ほとんどの人は、「成功者」と言えば、世界をけん引する指導者や会社のトップを思い浮かべるでしょう。まさに家父長制的な概念の枠組みに当てはめた「自信がある人」のイメージです。

でも、私がお客様たちとの何千もの会話を通じて学んだのは、**「自分の強みを評価し、それを発揮したときに真の自信を感じる」**ということです。強みは単一の理想としてだけではなく、さまざまな形で現れます。やがて私は試着室やZoom通話、役員室やイベントの宴会場で、女性たちにシンプルな質問をするようになりました。自分の強みを正確に把握してもらうためです。

「あなたの〈一番の強み〉は何ですか？　これについては世界一！　という得意なことは何です

か？」

毎回、このシンプルな質問に答えた女性が、自分の強みを自尊心にして、品格を身につけ、〈なめられない私〉になることを目指してスタートを切るのがわかりました。そして長年にわたって質問への答えを収集するうちに、いくつかの同じ特徴が繰り返されていることに気づいたのです。

〈一番の強み〉を類型化して、女性がどのように自信と能力を感じているかと関連づけ、自身を評価して信頼するための用語を作成することが、大きな力になる——そう確信しました。この方法論を開発し、完成させるために、私の会社のチームは何千人もの女性を対象に定性調査と定量的調査を行い、真の自信を持つことの意味について、深く掘り下げました。

8つの〈一番の強み〉を手に入れる

こうして、自信を8つに分類して、8つの〈一番の強み〉を特定しました。〈主導する力〉〈目立つ力〉〈成果を出す力〉〈与える力〉〈頭脳の力〉〈創造する力〉〈楽観の力〉〈自分を支える力〉です。

ほとんどの女性は、少なくとも1つか2つの〈一番の強み〉に秀でています。他の強みについては、時々発揮できたり、まったく発揮できなかったりします。これは、例えるなら言語のようなものです。どんな人にも、流ちょうに話せる言語、堪能な言語、ちんぷんかんぷんな言語があります。**あなたが持つ〈一番の強み〉の組み合わせが、あなたの〈自信の言語〉です**。それが自分の土台となる長所であり、流ちょうに話せる言語なのです。

〈自信の言語〉を見つけることは、なめられない品格を手に入れる旅の重要な一歩です。自分への揺るぎない信頼は、自分の強みを知り、無意識を意識化することから始まります。

次のステップは、あなたの〈一番の強み〉がどのようにあなたを助け（または傷つけ）ているかを理解して、自己信頼の基礎を完全に受け入れること。

でも、それだけでは自信の達人にはなれません。手ごわい状況や異なる〈自信の言語〉を持つ人に直面する場合に備えて、他のスキルを育んだり、自分が快適に過ごせるコンフォートゾーンの外に出たり、状況の見通しを判断したりする必要があります。

最も得意なことを知り、成長させたい部分に気づくことで、完全な品格が手に入ります。8つの強みすべてをマスターするまでには至らなくても、そこへ向かっているうちに、今よりも強く、賢く、幸せになり、自己実現に近づくことができるのです。

品格の定義を拡大すれば、自分の能力を認めて人生の望みを叶えることができます。私は「できるまではできるフリをする」といったスローガンを支持したことはありません。**なぜなら、自**

信がある「フリをすること」と真の品格とは別物だから。本物の品格とは、自分の強みに裏打ちされた骨の髄からの自己信頼です。だから外の世界にシェアできるのです。表向きの人生は、内面で起きていることの反映なのですから。

これが本書の主旨です。私は女性たちに、それぞれの理想の自信の持ち方をマスターしてほしいと願っています（私も日々努力中です）。他人の目が気になる瞬間を、自信を爆発させる瞬間に変えてほしいのです。

ぜひ、自信を支える強みには、内向的か外交的か、ほっとさせるか威厳を見せるかなど、さまざまなバージョンがあることを理解してください。自信が、人を良く見せたり、人の気持ちを上げたり、人を輝かせたりすることから得られることもあります。

本書は、人から好かれるコツを教える本ではありません。出世のはしごを上手に登るための入門書でもありません(ただし出世の役に立ちます！)。「ボスらしさ」を伝授する積極的なパフォーマンスの指南本でもありません。

この本でお伝えするのは「自分自身を愛する」ことです。あなたらしく人と関わることを愛する。困難でストレスのかかる状況でのあなたの行動や反応を愛する。自分自身を深く知り、自分の強みを尊重して活かす方法を学びましょう。そして、自分が使える〈自信の言語〉の数を増やしていきましょう。

パート1では、自信についての新しいアプローチを解説し、なぜ自信を持つことが選択なのか、どうすれば自信が持てるのかをお伝えします。パート2では、診断テストによって〈自信の言語〉を特定し、あなたがごく自然に発揮できる〈一番の強み〉を理解しましょう。パート3では、〈自信の言語〉のパワーを活用する方法、人生で望むことを手に入れるための新しいスキルの学び方、この取り組みが他の人にもたらす変化についてお教えします。

さあ、始めましょう。

次のいずれかに、共感できますか？

◇目を引く存在になりたい。出席して部屋にいるだけではなく、きらりとした存在感が欲しい
◇立ち止まっているほうが楽なときに、前に踏み出す力が欲しい
◇注目され、認められたい
◇困難に直面したときに、しなやかに立ち直る力が欲しい
◇自分を疑うことなく、次の目標地点に到達したい
◇もっとコミュニケーションが上手になりたい
◇家族や友人や同僚と、もっと有意義なつながりを持ちたい

◇私のことをもっと理解してほしい
◇他人のことをもっと理解したい
◇自分ならではの強みを使って、自分の人生や他の人に変化をもたらしたい
◇自分の願望を達成したいと望んでいるが、恐怖心が行動を妨げている
◇自分の基準で自分を高く評価したい。望まない場所に安住したくない
◇自分の人生の舵取りをしている感覚が欲しい

もし共感できるものがあるならば、この本はあなたのためにあります。

目次

なめられない品格

誰からも信頼されるようになる8つの力

パート／1

なめられない人の条件

第1章　自信を再定義する

グラビタス社の「コンフィデンス・クロゼット」は、魔法を起こすシンプルな空間です。できるだけ本物の試着室のように感じてもらえるように、ポップアップストアを会議室や講演会の会場に設置し、会場の奥の更衣室のラックに洋服をいっぱい吊るしていて、入り口にこんな看板を掲げています。

「自分を褒めましょう。あなたの〈一番の強み〉を発揮しましょう。一歩踏み出してあなたの自信を形にしましょう」

この空間が、多くの気づきをもたらし、変革を起こすのです。

例えば、グラビタス社の長年の顧客であるスーザンは、数字に熟達していて、大手ヘルスケア会社で財務チームの指揮を執っています。10年間勤務していますが、自分の価値を評価されていないように感じていました。服を脱ぎながら、スーザンは私にこう言いました。

「これ以上ないタイミングでここに来ることができました。つい先日、上司に私には品格がないと言われたんです。どうすればいいのでしょうか」

そう、私が上司に言われたのとまったく同じことです！

スーザンは、上司の人柄について詳しく教えてくれました。スーザン自身は根っからの知性派であり、穏やかな話し方でチームの世話をしますが、上司のCEOは極めて外交的な人で、営業部門で昇進しながら磨き上げた魅力的な押しの強さで、人の何倍もの貫禄を醸《かも》し出すのだそうです。私はスーザンにこう尋ねました。

「あなたの貢献が評価されていると思いますか？　あなたが日々発揮している強みについて、気づいてもらっていますか？」

「そうは思いません……私は自分の仕事ぶりをアピールしませんし……」

私はスーザンにこう伝えました。

「どうして？　あなたが数字を管理してチームに関わり続けていなければ、上司は成果が出せなかったはずですよ。私から提案させてください。毎週15分間、上司のカレンダーに予定枠を入れてもらい、目の前に座って報告して、チームへのあなたの功績をすべて理解してもらってください。その上で、あなたが目指すところに行くための新たな指導力を得るためのツールをいくつかご提供します」

私はスーザンと、上司との会話を想定したやりとりの練習を行い、スーザンは私のアドバイスを実行に移しました。毎週上司の目の前に座って、チームへの功績を確実に把握してもらい、気づいてもらっていない自分のスキルを示すと同時に、リーダーとしての新たなスキルを見せつけたのです。こうしてCEOと関わり、発言力を高めることで、スーザンは最終的に最高財務責任者に昇進しました。

スーザンのように、上司と自分の働き方のスタイルが異なることは、珍しくありません。注目すべきは、上司の「自信の定義」がスーザンとは違うことです。上司は威張っていて外向的であり、スーザンは静かに支えるタイプです。どちらもチームを率いるにあたり、同等に大きな影響力を持つ方法になり得ます。

スーザンがどうすれば職務の範囲内で最善の道を進めるかを考えていたときに、私はあることをひらめきました。それは、**私たちが「自信」という言葉から連想するイメージが、ひとつしかなく、幅が狭い**ということ。スーザンの上司が想定する定義は、社会が何世紀にもわたって定義してきた外面的な自信です。後の章にも書きますが、この定義は一部の人や状況にしか適用できず、大部分の人は排除しているのです。自信をひとつの定義の枠に当てはめようとするから、葛藤する。スーザンの悩みは、あなたが職場やプライベートで経験していることに似ているかもしれません。

ステレオタイプ的「タフなリーダー像」に惑わされない

最近の出来事を、この新しいレンズを通して眺めてみると、新たな気づきがありました。

2013年、ジャネット・イエレンが米国連邦準備制度理事会（FRB）の議長に指名されました。最もこの役職にふさわしい候補でありながら、歴代の前任者の誰にも見た目も行動も似ていない彼女が、承認されるまでのただでさえ険しい道のりがさらに険しくなったのは、おそらく口調が穏やかだったからです。一般的な「リーダーにふさわしい人」の定義に、イエレンは含まれていなかったのです。2013年7月、当時のワシントン・ポスト紙の記者エズラ・クラインは論説にこう書きました。

「私は驚くほど多くの同じパターンの議論をしてきました。対話の相手はこう言うのです。『イエレン氏は素晴らしい。しかし……』**この『しかし』の後は同じ論旨となる。彼女は『タフさ』に欠ける。彼女は『貫禄』が足りない。『口調が穏やか』すぎる。『控えめ』すぎる**」(1)

記者は続けて、否定論者の本質を見抜いた指摘をしています。

「こういった苦言に共通するのは、ステレオタイプ的な男性の資質に基づいたリーダーシップの暗黙の定義だ。こういった資質は、すべての男性が備えているわけではなく、すべての女性に欠けているわけでもないが、女性よりも男性のほうが報われる傾向にある資質であるため、女性よりも男性に広く行きわたっているのだ」

イエレン氏は史上最も僅差で、この地位に就く初の女性として承認されましたが、指導的役割の女性を見る目は、彼女が権限を握って10年たってもなお、大幅に良くなったとは言えないようです。

自信の形はひとつではない

イエレン氏をはじめとする出世を遂げた女性たちは、部屋にいる大半の人と見た目と行動が違うという理由で、依然として困難な闘いを強《し》いられています。もちろん、わずかですが注目され認められている女性もいます。マッキンゼーの２０２１年版の年次報告書「職場の女性」が、典型的な女性の強みである「思いやりと共感力」が世界中のリモート勤務の企業で歓迎され、新型コロナウイルス感染症のパンデミックの最中に女性のリーダーシップが開花したことを取り上げたのです。

ただし女性は、「最悪の状況を脱したときに最も燃え尽き症候群を経験しやすい」という言及もあります。また、養育者の役割に足を踏み入れる人への過小評価は相変わらずです。職場では「与えること」が自信の定義だと認識されていないのです。

２０１３年に刊行された話題書『女神的リーダーシップ　世界を変えるのは、女性と「女性のように考える」男性である』（プレジデント社）には、数々の調査と綿密なリサーチ、世界各国の取材に基づいて、社会理論家のジョン・ガーズマと共著者のマイケル・ダントニオが、育成、協力、コミュニケーション、分かち合いなど、女性寄りの強みの重要性がようやく認識され始めた、と記しています。

自信にはさまざまな種類があることを受け入れましょう。長年、肩肘を張って部屋で一番大きな声を出すスタイルが、リーダーシップの指標とされてきました。でも、自信がある演技をする必要などありません。これまで長きにわたって過小評価されてきたさまざまなタイプの自信、とりわけ女性らしい強みを認識することが大切なのです。

いいことを教えましょう。

「自信は単数形ではなく複数形！」

これは私が創作した定義ではありません。オックスフォード英語辞典の「Ｃｏｎｆｉｄｅｎｃｅ（自信）」の定義は「自身の能力や資質を正しく評価することからわきあがる自分を信じる感覚」です。「パフォーマンス的に威張ること」とは書かれていません。オンラインで「Ｃｏｎｆｉｄｅｎｃｅ」や「Ｇｒａｖｉｔａｓ」を検索すると、このテーマの書籍が何百冊もヒットしますが、ほとんどが、昔ながらの狭義のリーダーシップの理想の概念を語ったものです。

私はそれを変えたいのです。時代遅れの考え方を、「自信」の定義を、もっとインクルーシブに変えたい。私たちが日々、あらゆるシチュエーションで使えるものに。自信についての本の多くに欠けているのは、そこなのです。

個人の特性を基礎として認識することをせず、私たちを無理やり一定の型にはめようとします。声を上げなさい、社交的になりなさい、注目されなさい、目立つパフォーマンスをしなさい、と。

「静かでいること」もれっきとした自信

ところで私はデール・カーネギーの大ファンです。父がガレージセールで買ってくれた99セントの古本『人を動かす』が人生を変えてくれました。移民二世として育ち、12歳で高校に入学した私に、アメリカの環境で社交的に振る舞う方法に長けていない両親に代わって、コミュニケーションのノウハウを教えてくれたのが、カーネギーでした。笑顔になる、人の名前を覚える、会話において努力する、舞台の上では恐れない。この本を読まなかったら、今の私はありません。

その後私は、カーネギーの自信の理想形がワンパターンであることに気づきました。笑顔と握手と人の名前を覚えること――すべて伝統的な自信の定義と関連が深い、重要で基本的なテクニックです。でも、こういった強みを生来持っている人は、人口のほんの一部にすぎません（後に書きますが、人口のわずか10分の1です）。

何世紀にもわたって、この社交的な自信の形を全員が持つ必要があると言われてきましたが、全員がこぞってリーダーやパフォーマーになる必要があるのでしょうか？　そうしたら、タスクが完了できないのでは？

外交的なリーダーにならなくても、それぞれが自分らしい能力を発揮すればいいのです。自信につながる強みは、他にもたくさんあります。私の両親の出身地である台湾では、注目を求める空威張りではなく、静かなストイックさが自信の証しとして称賛されます。自己宣伝や傲慢な態度は軽蔑されるのです。先ほどのイエレン氏や多くの女性が備えている強さ、つまり「成果を上げながら控えめであること」は東アジア圏の一部で評価されます（私はこの文化のなかでは例外的存在です！）。

ひとつ例を挙げると、**コロナ禍で、内向的な人が仕事の成功を多く実感できたのは、従来の職場の好感度の規範を守って活動する必要がなかったからです。**歴史的にオフィスの帰属意識を定義してきた世間話が不要であったことで、より公平に評価され、認められ、昇進につながった可能性があるのです。(2)

社会が提供する自信の定義に従わなくてもよいのです。私は会社を立ち上げたとき、体にポジティブなイメージを持ってもらうために、さまざまなサイズや体型を画像で見せる、という単なるパフォーマンス的な要素は取り入れたくありませんでした。私自身がさまざまなサイズを経験し、体重の偏見やぽっちゃり体型へのいじめに対峙してきたこともあり、もっと個人的な深い部分に触れたいと思ったのです。

私たちは、ひとつのドレスをデザインし、パターンに合わせて大きなサイズを後付けすることをしませんでした。多様な体型とサイズとニーズを考慮して、それぞれの女性に合わせたドレスを作り上げたのです。**商品よりもひとりひとりの女性が優先です。**ほとんどのブランドが単一のフィットモデルを使用しているのに対して（だからブランドによって合う合わないが分かれるのです）、私たちは5種類のフィットモデルを使い、あらゆるサイズと「スポーツ選手」から「砂時計」までの体型パターンを取りそろえました。

目標は、すべてのスタイルを全員にフィットさせることではなく、すべての女性にフィットするサイズをそろえること。最低2種類のパターンがサイズ0から24ワイドで機能することでした（引き続きサイズの範囲を広げるよう取り組んでいます）。私自身は「洋ナシ」体型で、合わないドレスもありますが、だからといって自分を責めたりはせず、自分に合うものを着ています。

私は誰もが、服が合わない自分を責めるネガティブ思考を終わらせて、自分に合う服を探す権利を持っていると信じています。**理想は「ひとつ」ではなく「複数」存在する**ことを、積極的に認めて称賛しましょう。自信にはさまざまな形があると受け入れることで、自分らしい美しさを認めることができます。

多くの人は、間違った場所で幸せ探しをしています。アクセスできない部屋の中で自信を見つけるように教えられているのです。

「片付けが好き」なだけでも立派な強み

先ほども書いたように、講演会では〈一番の強み〉について質問をします。

「あなたが世界で一番得意なことは？　これだけは、世界の誰よりも上手にできるということは何ですか？」

ほとんどの人は答えに詰まります。そして多くの女性が、終了後に私のところにやってきて、こんなふうに告げるのです。

「あの……私の〈一番の強み〉って、本当につまらないことなんです」

「例えば、どんなことですか？」

「整理整頓と計画がすごく得意なんですけど……」

「なるほど、細かいことを片付けられるのですね！　ぜひ私の仕事を手伝ってください。その〈一番の強み〉を尊敬します。実は私は先延ばし癖があって、整理整頓ができないのです。何ひとつ片付けられなくて、周りの人も同じなので、あなたみたいな人は大歓迎です！」

自分の強みをたやすく無視してしまうのには、さまざまな理由があります。自己評価が低かったり、欠点にしか目が向かなかったり、それとも、世間がそれを評価や注目に値するものと見なしていないのかもしれません。自分の価値に気づくのが相当難しいのも不思議ではありません。一部の強みには「価値がない」と思い込まされているのですから。

自分を知り、自信を再定義する

8つの〈一番の強み〉を特定するために、私はゼロから始める必要はありませんでした。人間が多様で補完的な強みを持つことを認識していた過去の哲学者や心理学者をリサーチしてみたのです。

例えばカール・ユングは、さまざまなタイプの人格が存在することを認め、自分と他人を理解するための用語を創り出しました。基本的に、私の方法論はユングの理論に基づいています。ユングは人間の特徴を、集合的（そして潜在意識の）精神を構成する原型に分類しました。そしてこの原型に、ＭＢＴＩ（マイヤーズ＝ブリッグス・タイプ診断、世界で最もよく使われる性格理解メソッド）からクリフトンストレングス（ギャラップ社の提供する自分の才能発見メソッド）に至るまで、長年にわたりさまざまな解釈が与えられてきました。

私が目指すのは、この知識体系をベースにして、「自信」というレンズを通じた言語を構築することです。女性のお客様と試着室に一緒に入って、その人の内面の強みを表現するための言葉を与えたいのです。**自分の強みは、無視したり軽んじたりせずに、もっと称賛するべきです。私の役割は、「自分を疑う心」を「自分を信じる心」に変え、自分の長所に注目するお手伝いをすること。勇気や行動は、そこから生まれるのです。**

私が提案する〈一番の強み〉の枠組みは、自分の職場経験にも根差しています。**マッキンゼーでは、何が同僚やクライアントの心を動かすのかを深く理解するのが基本原則でした。**「どうすれば最善のサービスを提供できるのか」に細心の注意を払うのです。そのことを心に刻み込んでアパレル販売のグラビタス社を起業し、21世紀を生きる女性たちの完璧なドレス探しを手伝っているうちに、私は、女性たちの強みと弱点に類似点があることに気づきました。

「コンフィデンス・クロゼット」で服を着せながら、**人生のさまざまなステージにいる、異なるバックグラウンドとキャリアを持つ女性たちを対象に、グループ調査と1対1のインタビューを行いました。**話を聞くうちに、育児に専念している人から会社役員まで、それぞれの満たされないニーズと強みについて深く理解するようになりました。**多数のグループ調査と、何千時間にも及ぶ試着室でのコンサルティング、多様な業界の管理職との何百時間ものワークショップ、1000人の女性を対象にした偏りのない米国一般人口の定量的調査**を通じて、8つの〈一番の強み〉について検証し、細かい分析を行いました。

こうして、自信の再定義に磨きをかけました。それは、企業スローガンとしての自信ではなく、個人の旅でありパワーの源としての自信です。あなたにはあなた独自の自信の定義があり、私も同様です。そして、自信は進化させることができます！

あなたの自信を言語化できるすごいメソッド

こういった作業を通じて、私は「自信」を定義する新しいボキャブラリーを編み出しました。それが〈8つの強み〉です。ほとんどの人は、8つのうち1つか2つだけに長けています。自分を信頼し、芯のある人生を送るためには、最高に得意な〈一番の強み〉を知り、そのパワーを発揮することが求められます（これについては本書のパート3で実践します）。

ちなみにこれは、現実やプレッシャーを無視した有毒なポジティブ思考ではありません。良いときにも悪いときにも、駆動力になり、燃料を与え続けてくれる、あなた特有の能力を深く理解することです。〈一番の強み〉を理解することで、強みに対する信頼が根付き、あなたの才能に光が当たるのです。

自分の強みだけではなく、8つの〈一番の強み〉すべてを意識し、理解することが、さらなる成長につながります。なぜなら、異なる強みを持つ人に出会ったり、手持ちの〈一番の強み〉だけでは乗り越えられない状況に出くわしたりすることがしょっちゅうあるからです。

8つの〈一番の強み〉は、他人や状況を上手に読み取るための辞書、または解読器だと考えてください。**海外旅行の際にその国の言葉が少しわかると便利なのと同じで、自分の言語と他人の言語を知っておけば、人生のさまざまな状況を乗り越えるのに役に立ちます。**言葉がわかれば、世界を自信たっぷりに闊歩《かっぽ》できるのです。

8つの〈一番の強み〉になじんでしまえば、自分と人とを巧みに分析でき、ニーズと願望をはっきり伝えられる（そして人のニーズと願望も理解できる）ようになります。伸ばすべきスキルについても明確になります。女性は年齢を重ねたり、企業で上級の役職に昇進したりすると、〈一番の強み〉の数の平均が2つから3つ以上へと増加します。〈自信の言語〉は進化させることができるのです。

自分以外の人が持つ強みについて知っていれば、初めてのデートや昇給の交渉、手柄を認める

ことや喪失との向き合い方まで、あらゆるシチュエーションを乗り切るのに役立ちます。自分の才能を明確に見極め、不足があれば理解し、フィードバックを解釈して成長し、実力を発揮するために、〈8つの自信の言語〉を活用してください。何よりも大切なのは、あなたが自分を見る目を変えることです。

なめられない人が持っている3つのマインドセット

自信の定義を広げることは、あなたの日常生活にどんな影響を与えるのでしょう？　自信を言語化できれば、より強力な成長志向のマインドセットで人生に取り組むことができます。このマインドセットを構成するのが、3つの要素――「勇気」「思いやり」「つながり」です。

マインドセット①　勇気

私が考える〈勇気の方程式〉は、「自分を信じる心を持ち、それを原動力にして行動し、行動の結果を自分の強みの観点から解釈し、学びたい、成長したい、もう一度やりたいという願望を持つこと」です。最初の部分である「自分を信じる心」が「自分を疑う心」に置き換わると、方程式は成立しません。行動が起こせないからです。そして**「自分を信じる心」は「なぜ自分が素**

晴らしいのか」という意識に深く根差しています。

逆のことを考えてみましょう。自分の承認欲求を認めたくはないかもしれませんが、あなたは、インスタグラムの投稿やストーリーを更新しては、「いいね」の数や閲覧数をチェックしていないでしょうか？

これには科学的根拠があります。外部から承認されると、気分を良くする化学物質であるドーパミンが放出されるのです。これには麻薬のような作用があり、依存症になる可能性もあります。でも、勇気を持続させ、ごく当たり前に発揮するには、まずは自分で自分を承認することが必要です。長所を自覚していなければ、そのことを褒められても、受け止めることができないからです。

勇気につながる自己承認は、パターンを作って持続させることができます。脳には可塑性《かそせい》があり、新しい習慣や信念や特性を学習しながら、常に接続を更新しているのです。ある研究から、参加者の脳活動を刺激することで、次第に自信が増すことが明らかになりました。脳神経学者の川人光男《かわとみつお》氏は、こう述べています。

「自信は脳内でどのような見え方をするのか？　これは非常に込み入った問題ですが、人工知能（AI）から得たアプローチを使って、参加者の自信が低い状態と高い状態を確実に伝える脳内の特定のパターンを見つけました。中心的な課題は、この情報をリアルタイムで使って、将来的に自信のある状態が発生する可能性を高めることでした」

共著者のアウレリオ・コルテセ氏は、こう付け加えています。

「驚くべきことに、自信が高い状態を報酬――少額のお金――と継続的に組み合わせることで、リアルタイムでこれが実現できたのです。参加者は、トレーニングの終わりに知覚タスクの自信を評価することを求められると、一貫して自信が高くなりました」(3)

このように、自分を信じる心は努力によって手に入るのです。時に行動は、「もっと良い環境に移動する必要があると気づく勇気」行動を起こしましょう。という形を取ることもあります。


テレサを例に挙げます。大手コンサルティング会社のパートナーとしてキャリアを確立した彼女は、岐路に立たされました。ある日彼女は、「とんでもない収益目標を達成し続けるプレッシャーと数百人のスタッフを管理する責任は、次の20年で私が望む仕事の範囲を超えています」と私に打ち明けました。

「私は仕事よりも家族と友人を大切にしています。だから週末にはめったに仕事をしません。でも、周囲は競争力が高くて優秀な成績を上げている人ばかりなので、時々、自分の仕事の頑張りが足りないような気持ちになります」

テレサは、楽観的で与え上手であるという強みが、自分にとって不自然な要素とせめぎ合っていることに気づきました。そして圧力鍋のようなプレッシャーがかかり、ストレスで参ってしまったのです。しかもそれはコロナ禍でした。思いやりや共感力を大切にする女性のリーダーシップが最も重要だった時期にもかかわらず、依然として過小評価されていたのです。

この気づきがテレサに「問題は私ではなく、自分にそぐわない社風」だと認識する力を与えました。そしてスーザンとは違って、テレサは、会社が評価する資質を強化する努力をすることは、自分にとって価値がないと判断しました。選択肢は2つです。**自分の強みを活かし、それが職務の範囲内で機能することを期待するのか。自分の適性に合う環境に移るのか。**ツールを手に入れたテレサは、後者の勇気ある決断をしました。

私の場合は、選択肢がありませんでした。マッキンゼー時代に3年間で6回昇進を試みましたが、最終的にパートナーシップの報酬なしの上級専門職のポジションを、後にパートナーシップの軌道に入るか退職するか（つまり「昇進か退職か」）の可能性と共にオファーされました。私は1年以上の休暇を取る決断をして、長年にわたってメンターたちと交わした会話の数々をふり返りました。すると、あるメンターから言われた印象的な言葉を思い出したのです。

「会社の価値観とあなたとの間にズレがあるのでは？」

休暇中に、彼女からメールで3つの質問を受け取りました。

◇あなたの得意なことは？　（私の答え：問題解決、分析、処理）

◇あなたが好きなことは？　（私の答え：新しいアイデアを生み出す、チームを率いる、人にインスピレーションを与える）

◇あなたは何に情熱を注いでいる？（私の答え：人を勇気づけて助けるツールとしてのファッション）

彼女は私の強みを言語化するのを助けてくれました。もしも当時の私が〈自信の言語〉を知っていたら、私が得意なことは会社が求めることではあるけれど、本当にやりたいこととは一致していないと悟っていたでしょう。私の強みと情熱は、異なる環境で最大限に発揮できる可能性があったのです。

これが〈自分にとっての自信の定義〉を知ることで得られる力です。知っていれば、「これが私のやり方です。私の強みが発揮できます」と宣言できます。決断を下せますし、勇気を出すことができます。スーザンは上司との違いを認めて自分のやり方を評価してもらう努力をしながらも、リーダーシップを強化して成長する必要があることも認識していました――それがスーザンにとって重要だったのです。

一方のテレサは、自分の強みに気づいた時点で勇気を出して、選択する力を発揮しました。そして、キャリアの次のステージを検討する権限のあるポジションに身を置くと同時に、メンターとして、彼女と同じ資質を持つ部下たちが成功するための道筋をつけたのです。テレサは自分の〈一番の強み〉と最も自然にできることに着目しました。自分の際立った才能に意識を向け、そこに自信を持ったのです。

マインドセット②　「自分への」思いやり

〈自信の言語〉を知ることで、失望の観点からではなく、自分の〈一番の強み〉にスポットを当てて過去を再生することができます。**過去の挫折について、自分を責めることもできますし、その苦悩がいかに自分を強くしたかという観点で見ることもできるのです。**〈自信の言語〉は、あなたの強みと他者の貢献に目を向けさせてくれ、自分と人に対する思いやりを育むのに役立ちます。

思いやりの定義は「他人の『苦痛』を認識して、それを軽減したいと願うこと」。**言い換えれば「共感力＋行動＝思いやり」です。**出来事をネガティブな視点で見ることも、毎回ポジティブな視点でふり返ることもできます。次回、記憶のテープを再生するときは、あまり自分に厳しくせずに、新たに身につけた思いやりとボキャブラリーを使ってみましょう。すると、自分の強さが見えてきます。高い基準を持つなと言うのではなく、鋭い眼力で出来事を眺めてほしいのです。そこに学びになる教訓はありますか？　失望する結果だったとしても、自分の強みを発揮できた部分はありませんか？

思いやりは世界共通です。そして他人に対してだけでなく、自分にも実践するべきです。新型コロナウイルス感染症のパンデミックは、私の会社に――いいえ、すべてのファッション産業に

（というよりも、一般企業すべてに！）恐ろしい影響を及ぼしました。経験した内容は千差万別ですが、私の場合は、世界中のあらゆる会社がロックダウンに見舞われていたために、仕事用の服を買う人がいませんでした。誰ひとりも。2年間赤字が続きました。私は自分を責めました。そしてある日、傷ついた私に、親友で起業家のジェーン・パークがこう言いました。

「リサ、それ本気で言ってるの？　自分のせいだと思っているわけ？　病院のガウンやフェイスマスクのような、最前線で働く人のための防護具を作ったのは、他でもないあなたよね？　銀行口座にお金がないのに、ニューヨーク市の衣料品地区の人たちの雇用を続けたのは、あなたでしょう？」

彼女の記憶の再生テープは、私が頭の中で流し続けていたものとはまったく別物だったのです。

友人のエリカは、野心家で頭が良く、29歳にして夫よりもキャリアで成功を収めていましたが、パンデミックが始まった頃、第二子を出産後に育児に専念するという決断をしました。企業弁護士のキャリアをフルタイムの専業主婦と交換する――それは「伝統的な構造」に組み込まれることであり、エリカは承知の上でルールを受け入れたつもりでした。

それでも、夫が直近の仕事の勝利を祝っているというのに、髪についた赤ちゃんのよだれを洗っていると、なんだか嫌な気分になりました。そして私が相談に乗った結果、エリカの〈自信の言語〉の核心が〈成果を出す力〉にあると判明し、時々不幸せな気分になる理由が明らかになったのです。

「すっかり合点がいきました。職場で私が自信に満ちていたのは、昇格のシステムや報酬や評価が明確だったからです。子育てには成功を判断する外部指標がありません。わかった頃にはもう手遅れ。自分がいい仕事をしたのかが判明するのは、わが子が成長して家を出た後ですから」

エリカは、目標を立てて達成するという、成功のスリル感を求めていた自分に気づきました。そして、そう感じている自分を許し、この新たな気づきを使ってあることを始めました。別の母親と協力して、パンの会社を立ち上げ、子育て以外のことで日々達成感を得ることにしたのです。こうしてエリカは、自分に思いやりを与え、達成したいという自然の要求を満たしました。

マインドセット③　つながり

「勇気」と「思いやり」は自分を見つめることであり、「つながり」は他の人の本質を見つめることです。組織的な偏見が根強く残っていますが、その理由のひとつが、つながりの多くが、生育地や民族性や年齢といった社会的属性に基づいていることです。こういった条件は、自分にはコントロール不可能です。白人男性は、白人男性に生まれる選択をしていないにもかかわらず、労せずに得た特権を持っていますし、女性やアフリカ系アメリカ人、アジア人、ラテン系には、その特権がありません。社会的属性は、歴史的には相互のつながりを確立するための最も簡単な指標でした。

しかし、そういったプロフィールに注目する代わりに、個人の強みに目を向けると、その人の能力や成果を称賛する機会が得られます。人を、自分が持つイメージではなく、その人自身のイメージによって見つめる――そうして生まれたつながりは、極めて強固なものになります。

これがアライシップ（allyship）の基本です。アライシップとは、長年にわたって社会から差別・抑圧・疎外されてきた人々に対する支援のこと。それは、他人のストーリーを（自分のレンズではなく）その人のレンズを通して見ることから始まります。**たとえ自分とは異なっていても、その人の強みに目を向けることが大切です。**私のメンターのひとり、アンドリューはイギリス人で、私とはまるで生い立ちが違いました。初めて会ったときの彼の質問は、私の出身地やどこの学校に通ったかというものではなく（彼は人事システムを通じて私の履歴書を調べることができました）、こんなことでした。

「子ども時代について聞かせてください。当時のことで、誇りに思っていることは何ですか？」

私は、両親が経営するレストランで働いたことや、ゼロから築き上げるために何が必要かを学んだことを話しました。それは、私にとって大切なことを土台につながりが生まれ、私のストーリーを通じて世界観を知ってもらう機会になりました。その瞬間に、彼は私の価値観を深く理解し、私のキャリアを最大限に育てる方法のヒントを得たのです。つながりのスキルを使うことで、私たちはもっと互いの成長を助け合うのが上手になります。マッキンゼーの2022年版の年次報告書「職場の女性」にも、この点が言及されています。

「有色人種の女性は、職場に強い味方がいると感じると、仕事がより楽しくなり、燃え尽きることが少なくなり、辞職を考える可能性が低くなる」(4)

また、つながりとは不健康な比較を排除することでもあります。人を羨望のまなざしで見るのではなく、自分と他人の長所を認識するのです。

友人のヴァネッサには20代の双子の娘がいます。二人とも、見た目も中身も聡明で美しい女性です。双子のひとりの結婚が決まったとき、もうひとりのフィービーは独身で、そのことにいらついていました。ヴァネッサから娘の経験を打ち明けられた私は、テレビドラマの『ダウントン・アビー』でよく衝突する姉妹を例に出して、こう言いました。

「フィービーはレディ・イーディスになる必要があるわね。レディ・メアリーじゃなくて」

イーディスはドラマの4シーズンにわたって自分を姉のメアリーと比べてきました。そしてある時点で婚外子ができ、「すでに家族からの敬意も失ってしまったことだし、これからは自分の人生を生きるだけよ」と宣言します。人生の次の段階に飛び込んで、新聞社を率いるワーキングウーマンとなり、ロンドンに自分のアパートメントを構え、人生の選択を悪びれることはありませんでした。彼女は結局、みんなの中で一番ハッピーな結末を迎えることになったのです。

そこに至るまでのイーディスが、自分がメアリーのようになれないと気づくまでには、時間が必要でした。ようやくメアリーと比べようとするのをやめ、独自の強みを受け入れたときに、私は彼女のキャラクターが好きになりました。同じようにフィービーは、母親のヴァネッサに助けられ、コンサルティング会社を立ち上げたことや、親しい友人グループと時間を過ごしていることなど、自分の人生に起きている素晴らしい出来事すべてをふり返ることができ、双子の姉妹の到達点に自分を合わせる必要性を感じなくなりました。

自分が持つ強みを知り、自信を言語化することができれば、もっと勇気を持って世界に飛び出すことができます。そして、もっと思いやり深くなれます。もっと周囲の人とつながりを持ち、不当に人と自分を比べるのをやめるようになります。なぜなら、本当に自信のある人はそうするからです。

第2章　品格を持つ決意をする

「10歳の自分に、どんなことを伝えたいですか？」

以前、そう質問されたことがありました。

私は答えた後に、こう切り返しました。

「それよりも重要な質問は、10歳の自分が今の私を見て何と言うかです」

なぜなら10歳の頃の私は、恐れ知らずで好奇心が強く、アジア人初の女性の合衆国最高裁判所の判事やアメリカ合衆国大統領になる軌道に乗っていると信じていたからです（後者は今でも私の可能性のひとつです！）。

なぜ私はそんな子どもだったのでしょうか。誰もが皆、生まれたときには自分に絶対的な自信を持っているものです。どんな子どもにでも「世界一得意なことは何？」と尋ねると、答えが続々と返ってきます。イラストを描くのが得意。サッカーが得意……。ところがやがて、自己を認識して現実を意識する瞬間が訪れます。私の場合、それは12歳のとき、鏡を見ながら自分がきれいなのか醜いのか、痩せているのか太っているのかと悩んだときでした。このとき私は、自信に満ちた状態から人の目が気になる状態への一線を越えたのです。

私は幸いなことに、無条件に愛してくれて、私の可能性だけに目を向けてくれる家族と親戚に囲まれて育ちました。よちよち歩きの頃は、つまずくと、いつもそばにいる誰かが、もう一度立ち上がるように励ましてくれました。補助輪つきの自転車から落ちたときは、絶対にできると信じて疑わない家族から、もう一度乗ってみなさいと言われました。「将来何になりたいの？」という質問に私が答えるたびに、必ず褒められ（最高裁判所判事と大統領も含めて）、完全に支持され、絶対に否定されませんでした。

あなたの子ども時代が、私とそっくり同じではないにせよ、多くの人は似たような経験を思い出せるのではないでしょうか。**子どもの頃にためらわずに自分に抱く信念こそが、最も純粋でシンプルな「品格」の形です。**

そしてこの信念は、大人になってからも生涯持ち続けることができます。心理学者のカール・ユングはこれを「インナーチャイルド」と表現しました。インナーチャイルドは、最良の形であれば幸福感を高める強さや強運や楽観主義の源になります（ただしトラウマ的な子ども時代を過ごした場合は、その逆もあります）。

ところが……。自分や他人や環境を意識する一定の年齢に達すると、何かが起こります。幼い頃は親やきょうだいに守られていましたが、スクールバスに乗るようになると、影響の輪が広がって、世界観が変わるのです。私の場合は、アジア系の人間として南カリフォルニアの砂漠の真ん中で、明らかに「よそ者」として育ったことによって拡大しました。**自意識が育つ年齢に、失望を経験し、それが体系的な課題によって強化されると、自己不信につながります。**挫折のひとつひとつが、信念を制限する気持ちを強めたり、今まで見えなかった欠点を際立たせたりするからです。そして欠点が、インナーチャイルドの強固な自意識の光やパワーを上回り、「決めつけ」または「不足思考」のサイクルが始まるのです（詳しくは後ほど説明します）。

自分の欠点を重荷に感じ、これまでの成功だけを基準に考えたり、快適に過ごせる範囲（コンフォートゾーン）にまで後退したりして、自分で限界の天井をこしらえ、遠慮し、自分の本来の価値よりも小さな生活を送ります。それに加えて、根強く残る社会的な偏見が、自己評価を強化したり弱めたりします。**シンプルな例を挙げると、いけないことをした・しないにかかわらず、「すみません」を返事のデフォルトに使う女性が、なんと多いことか。自分に非や欠点がある、自分のほうが劣っていると思い込むのを当然と考えているのです。**

「行き詰まっています」と女性から相談を受けるたびに、その人が自分の世界を、同心円の最小限の大きさの円にまで縮めてしまっているイメージを持ちます。小さな円の中にいれば安全ですが、そこに渦巻いているのは、他人の優先順位や要求です。そのため、自身のパワーに意識が行かず、もっと大きな同心円の人生を思い浮かべることができなくなってしまうのです。そんな状況では、大きな人生を望み、才能を使って飛躍したいと願う勇気が失われます。

そもそも、勇気とは行動につながる信念です。信念がしぼんで自己疑念に取って代わると、行動を起こす可能性がなくなります。すると同じサイクルを繰り返すことになり、自分が大損をするだけではなく、世の中は私たちの才能からの恩恵を受けられなくなります。これは完璧主義者が燃え尽きるパターンに似ています。完璧主義者は、自分には本質的に欠陥があり、それを補うために努力するという運命のループに囚われているのです。

私たちを押さえつける6つの力

この悪循環を断ち切ることはできるでしょうか？　自分の欠点の真ん中に座ったまま、もっと大きく、豊かで充実した人生を目指して、自分を高く評価することはできるのでしょうか？　私はためらうことなく、あなたに「イエス」と伝えます。そのお話をする前に、理解してもらいたいのが、次に説明する「私たちを押さえつける6つの力」です。

押さえつける力①　「自分は足りない」という「不足思考」

人生を弱点や欠陥というレンズを通して見ていませんか？　ポテンシャルよりも問題に意識が向いていませんか？　グラビタス社の「コンフィデンス・クロゼット」の試着室の中には鏡があ

りません。その理由は、女性は服を脱いで鏡に映った半裸の姿を見るやいなや、自分の気に入らない部分がすべて目に入り、その人のためにせっかく用意した一着目の服さえ試着したくなくなるからです。

どうして私たちはそこまで自分に厳しいのでしょう？　「不足思考」が私たちの中に組み込まれているからです。研究によると、**10人の女性のうち8人が、鏡に映った姿に不満を抱き、その半数にゆがんだイメージが見えている可能性があるそうです。**(1)「不足思考」のスイッチが入るため、試着室の中に鏡を置くのは失敗のもとなのです。

自己批判は、どこに行くときもついて回ります。それは頭の中の分身であり、あらゆる経験に影を落とす内なる批評家です。新しいチャンスがやってきても、喜ぶ前にその声が批判を始め、「失敗するぞ」と警告します。そしてついに「わかった、だめよね、私にはそんなことはできない」と考えてしまうのです。

その上、女性は「人から好かれない」「魅力的に見えない」「注目を集めすぎる」ことを心配しがちです。育てたり人に与えたりすることを好むとされるジェンダーの一員が、自分自身に対して最も厳しいなんて、皮肉なことだと思いませんか？

加えて、イメージ重視が増すばかりのＳＮＳ環境が、ただでさえ息苦しい女性への監視を強めています。私たちは常に非現実的な基準のイメージから攻撃を受けているのです。

自分を他人と比較するのは人間の性分ですが、ＳＮＳはこの習慣を著しく悪化させています。

SNSはそもそも、つながりやコミュニティ、会話や思いやりを促進するためのツールだったはずですが、朝起きて各種のSNSをスクロールすると、比較と羨望の連続が始まります。

「私にも○○があればいいのに」

「○○みたいな外見になりたい」

「○○ができるだけのお金があればいいのに」

「どうして○○の人生はあんなに完璧なの？」

意識していなくても、あなたは写真を一枚見るたびに、自分を人と比較しています。また、同僚や友人が、功績について「謙遜しながら自慢」しているのも気になります。人と比べることが、積極的に行動する原動力になる人もいますが、エネルギーを消耗したり、自分の可能性を見失う原因になることもあります。

さらに悪いことに、「自分にはない」部分に焦点を当てることが、精神状態に深刻な害を及ぼす可能性があるのです。だからセルフイメージに苦しむ人が多いわけです。データによると、**女性の79％が自己評価に悩んでいます。**[2] **また、思考のおよそ10％に何らかの比較が含まれているという報告もあります。**[3] ただでさえ自意識がもろいのに、不安に火をつけることになりかねません。

押さえつける力② 過小評価

自分の能力を小さく見積もっていませんか？ 自分自身をおとしめ、過小評価していませんか？ マリアン・ウィリアムソンの独創的な著書『愛への帰還』（太陽出版）より、私のお気に入りの文章を引用します。

最大の恐怖は、自分が不足していることではない。最大の恐怖は、自分が計り知れないほど強力なことだ。私たちを何よりも怖がらせるのは、自分の闇ではなく光だ。私たちは自問する。「聡明で壮麗で有能で素晴らしいと言える私は、何者だろうか？」と。実際に、そうでないあなたは何者なのか？ あなたは神の子だ。小さく振る舞っていても世界は救えない。周りの人が不安にならないように縮こまっていれば、何の啓発にもならない。子どもたちと同じように、私たちは輝く存在なのだ。

他人に囲まれているときの自分が小さくなって萎縮するイメージは、常に私の頭の中にあります。自分を過小評価することが当然のデフォルトになっているからです。

数々の研究から、**男性は能力と業績を過大評価し、女性は過小評価することがわかっています。**

(4)ヒューレット・パッカード社の社内報告書によると、男性は条件の60％しか満たしていない場合にでも仕事や昇進に応募しますが、女性は100%満たしている場合にのみ応募するそうです。(5)有色人種の女性にはさらなるプレッシャーが加わります。欲しいポストを得るまでに『完璧』になっておく必要があると感じることが、「過度な警戒と自己批判」につながります。(6)

簡単に言うと、女性はすべてのチェック項目に当てはまらなければ応募する資格がないと考えるのです。

友人のエヴァが、大病院の主任医務官という競争の激しいポストをめぐる面接試験を受けることになり、私が自己紹介の準備を手伝っていたときのことです。彼女は開口一番に、自分を卑下しました。

「学者でもない私がどうして候補に挙がっているのか、皆さんは不思議に思われるかもしれません。そこで、私が検討されるべき理由を説明させてもらいます」

その後、一緒に何度もリハーサルを繰り返して、ようやく話の流れを次のように変えることができました。

「私は20年間にわたり、評判の高い臨床医療をフルタイムで運営しながら、全国的に認められた学術研究に資金を提供し、主導してきました。学術と臨床を兼ね備えた候補者は私しかいません」

冒頭から自分の功績を小さく見せるのが、彼女のいつものやり方でした。私が指摘するまで、そのことに気づいていなかったのです。

『そのひとことが言えたら…働く女性のための総合的交渉術』(北大路書房)を著した大学教授

のリンダ・バブコックによると、男性は女性の4倍の頻度で給与の交渉を始め、実際に交渉するときには、女性は男性より30％少ない金額を要求します。(7) 女性の実際の業績が質・量共に同等なのにもかかわらず、です。

親友のモニカは、大学卒業後の2番目の職場で、チーム全員のボーナス額を記した紙が、コピー機に残っているのを見つけました。そして、財務アナリストの部門で最高評価を受けていたにもかかわらず、ボーナス額が、自分より低評価で勤続年数が同じ男性の同僚の半分だったことが判明したのです。それでもモニカは、自分が見るべきではない情報だったという懸念もあって、何も行動を起こしませんでした。数年後、モニカは別の職場で同様の賃金格差を経験しました。そして今度は、社内での自分の多岐にわたる業績のリストを上司に提示して、男性の同僚と同じ報酬を求めたのです。モニカは昇給の交渉に成功しました。

でも、なぜ当然のことを証明する必要があったのかと、私は首をかしげてしまいます。

女性は、自分の価値を証明するのにしばしば苦労します。コロナ禍も助けにはなりませんでした。最近発表された調査から、女性の70％がコロナ禍の影響により経済的な不安を感じていることが明らかになったのです。さらに悪いことに、55歳を超えた男性の大半は、ジェンダーの不均衡を問題とは感じておらず、そのことが問題をさらに大きくしています。(8) 複数の研究から、女性は男性よりも優秀な管理職であり、ストレスにうまく対処できることがわかっています。

押さえつける力③　満足のいたちごっこ

成功の外部指標（功績、お金、モノ）を追いかけても、完全に満足することはできなくないですか？　大人、とりわけアメリカ人の大人は、生涯にわたって幸福を探し求めます。お金、愛、成功など、幸福の意味するところは、人によってさまざまです。

ところが、**モノを買ったり、目標を達成したりしても、実際にはもっと欲しくなるだけ。自分を幸せにしてくれると思うモノや目標を次から次へと追いかけ続けることはストレスになり、そのストレスがさらなる不満を生み出すだけなのです。**

ここに当てはまるのが「1インチを手に入れると1マイル欲しくなる」という格言です。社会科学者のアーサー・C・ブルックスはこれを「快楽的なランニングマシン」と表現しています。「成功は相対的なものだ。満足を得るためには、快楽的な自分のランニングマシンの上で着実に走り続けるだけではなく、別々のランニングマシンを走っている他の人よりも少しだけ速く走る必要がある。もっと多くを獲得し、目立つ成功をおさめ、できるだけ魅力的になるという飽くなき欲望は、互いを、さらには自分自身を対象化することにつながる。魅力的な体と仕事と銀行口座が自分のすべてと見なしてしまうと、大きな苦しみがもたらされる」(9)

この「満足のいたちごっこ」は、グラビタス社の試着室に入った女性のつぶやきからも見て取れます。

「もう少し痩せたら、私は幸せになる。だから、痩せる前に試着する意味がわからない」

「〇〇したら、そのときに幸せになる」と考えるのは、今の瞬間の自分に価値を見いだしていないということです。今の自分に満足し、人生の旅を楽しんでいないのです。リーダーシップのコーチングで世界的に有名なマーシャル・ゴールドスミスはこの矛盾を「〇〇になったら幸せの罠(Happy When trap)」と呼んでいます。私たちは、人生の外的な出来事が幸福を左右すると誤って信じているのです。

◇結婚したら幸せになる
◇昇給したら幸せになる
◇家を買ったら幸せになる
◇賞を取ったら幸せになる

目標があるのは素晴らしいことです。でも、達成しても必ずしも幸福度や自尊心が変化するわけではありません。なぜなら、目標の達成が外部からの評価を与えてくれても、人生の立ち位置についての内側の感情は変わらないからです。

私の試着室では、すべての女性に、目的地だけを見て未来を追いかけてエネルギーを費やすことではなく、今の場所を楽しむ方法を探すことに意識を切り替えるようにアドバイスしています。

マッキンゼーのコンサルタントとして働いた最後の3年間は、人生で最も厳しい期間でした。パートナーに昇格することに幸福と自尊心を見いだしていたからです。それは捉えどころのない名声の証しであり、外的な成功の指標であり、私には決して手に入らないものでした。残酷に値踏みされ、自我を砕かれるプロセスを経験するたびに、どんどん不安になって足元がぐらつき、世界最高の幹部やチームスタッフや思想家と共に過ごす喜びを満喫することができませんでした。

会社を離れて、あらゆる成功の外部指標（エンボス加工の分厚い名刺、デザイナースーツ、車、家）を失ったとき、自分のアイデンティティを剝奪されたような気分でした。目に見える形やモノ以外で私が持っているユニークな才能に気づき、会社の昇進以外での自分の価値を受け入れ、会社を設立するまでに、1年仕事を休むという期間を要しました。成功に関する外部指標を取り除いてしまうと、手元に残るのは、自分の人柄と人生の旅だけなのです。

押さえつける力④　スーパーウーマンの幻想

人生のあらゆる側面が順調であるべきという幻想を持っていませんか？　女性は、社会または自らが課した、さまざまな期待や義務に応えるという闘いに取り組んできましたが、ある時点で完全な矛盾が生じることになりました。脚本家のションダ・ライムズは2014年のダートマス大学の卒業式のスピーチで、こう認めました。

「私が人生のある分野で成功しているのを見かけたとしたら、ほぼ間違いなく、それは私が人生の別の分野で失敗していることを意味します」

「理想的な同僚であり、パートナーであり、友人であり、家族の一員であること」を一度に手に入れることと成功とを同一視するのは、女性のどの人生の段階においても難しいことです。

働く母親は、マザーフッド・ペナルティ（母親になることが女性の収入とキャリア上の地位にマイナスの影響を与えること）を乗り越える必要がある一方で、家事に身を捧げるエネルギーを絞り出す必要もあります。独身の女性は、とりわけ大部分の時間を仕事に費やしている場合は、恋人探しに不安を感じるかもしれません。

子育てに専念する女性は、専業の親になるという選択を正当化するために全力を注ぎ、完璧にこなす努力をしながらも、過小評価を感じて疲れ果てているかもしれません。また、子どもを持つか持たないかの決断は、諸刃の剣です。親になることを受け入れない決断は、後悔したり、批判を受けたりするかもしれません。受け入れた場合は、地位や収入にペナルティが課せられます。

このように、多くの場合、**競合する優先事項や多大な要求の数々にエネルギーを吸い取られてしまい、コンフォートゾーン（自分にとって快適で落ち着く環境）に安住するほうが楽になってしまうのです。**女性は、こうした多くの（時には感謝もされない）役割の期待に応えるプレッシャーを感じています。

2018年の国連報告書によると、「女性は男性の3倍近くの家事関連の労働（育児、高齢者のケア、料理、洗濯、送迎）を、通常は無報酬で担っている」のです。[10] この負担が、日常の小さな動揺や、家族の病気や自身の健康問題といった困りごとによって増幅することもあります。プレッシャーのなか、誰かを失望させてしまった、複数の役割の期待に応えられない、などと感じると、私たちは罪悪感にさいなまれます。本書の執筆のために調査を行ったとき、あるワーキングマザーの言葉が私の心に刺さりました。

「親といえば母親を指すという根深い伝統を打ち破るのは難しいです。学校は母親にしか電話をしてきません。子どもたちを愛していますが、自分以外のあらゆる人と物事が優先されているのを感じます。私が職場で頑張っているときは、私は夕食作りに失敗しているのです」

すべてを一度に手に入れることはできません。だからといって、体にムチ打って頑張らなくてもよいのではないでしょうか。

スーパーウーマンという理想は「幻想」です。勇気を持って手放してよいのです。

押さえつける力⑤　負のスパイラル

批判や挫折、失望から、ネガティブな思考や感情や行動に陥っていませんか？　恥や当惑に直面すると、それがさらに悪化することはありませんか？　**失望や挫折に直面したとき、多くの人**

は、**「自分が間違ったことをした」という観点からその出来事を頭の中で再生し、さらにはその影響を、自分自身の物語にまで拡張します。**私を批判するのはこの人だけではない。職を失うということは、私はひどい配偶者／母親／友人／姉妹／娘であり、とにかく全面的に悪い人間なのだ――と。

『大人の女のキャリア計画「5つの柱」で理想の仕事を手に入れる』（海と月社）の著者ジョアンナ・バーシュは、こう語っています。

「女性は一事が万事と考える傾向がある。一日のある一点がうまくいかなければ、その画像を拡大してすべてにかぶせてしまいがちだ。だから負のスパイラルにはまるのだ」

この「負のスパイラル」の影響は？　チャンスをつかみにくくなるのです。ある大手メディアの幹部の話によると、会社の年次従業員調査で、ほとんどの従業員が「組織内で勇気を出すこと」に低評価を下したそうです。私の友人がこれについて詳しく調べたところ、原因のひとつが「失敗への対処の仕方」であることが判明しました。**人は失敗を経験すると、将来にリスクを取ることを恐れ、過去にうまくいったことを基準にするので、チャンスを逃してしまうのです。**

親友のジェーン・パークは、こんなことをよく言います。

「人生が楽になるのではなく、私たちが強くなっていくだけ。トンネルの終わりには光がなく、途中にある天窓だけが、頭上の青空と、私たちが行動する理由を思い出させてくれる」

失敗した経験をどのように評価するかが大切です。間違えたからという理由で自分を罰していないだろうか？　負の運命のループにはまっていないだろうか？　再挑戦をあきらめていないだろうか？　経験を成長と挽回に役立てて、次の挑戦ではもっとうまく対処できないだろうか？　ひとつの挫折が、次のチャンスをつかむことを妨げ、一歩踏み出してステップアップし、注目を集める可能性を沈黙させるかもしれません。しかし、**ひとつの挫折は、何がうまくいったかを理解し、新しいアプローチを突き止め、将来のために学んだ教訓を活かし、強みと能力を高める機会にもなるのです。**

私にも、もちろん挫折はあります。ファッション業界において、毎シーズン、安全を取るかリスクを取るかについて悩んでいます。グラビタス社は、スタッフのほとんどがアジア系です。2022年に、デザインチームが私に持ちかけたアイデアが、アジアの伝統を尊重し、一年で最も重要な祝日のひとつである旧正月を祝福するテーマにしたいというものでした。

私は熱い気持ちでこのプロジェクトを承認し、スタッフたちは情熱を注いで「イヤー・オブ・タイガー（寅年）コレクション」を実現させました（コロナ禍から2年がたち、ワクワクできたのは素晴らしいことでした！）。

それは、わが社の歴代のコレクションのなかでも最も美しいコレクションのひとつでしたが、財務指標においては悲惨な結果となり、投資金額が回収できませんでした。それでも私は自分のチームを誇りに思っています。自分たちを責める代わりに、私は報告会でスタッフに尋ねました。

「私たちが学んだことは？　私たちの強みは何？」

それまで何年も単色を扱ってきた私たちが、美しいプリント柄をデザインできたこと、それをメインの顧客が歓迎してくれたこと。美しい布地をオンデマンドで製作してくれる地元ニューヨーク市の印刷所を見つけたこと。繊細な布地を巧みに縫製できる裁縫師が私たちの工場にいるとわかったこと……。気づきを得たところで、私はこう質問しました。

「次回はどこを改善できる？」

実はマーケティングで出遅れたため、一刻を争う購買シーズンに競合他社に後れを取ってしまいました。では、この情報を使って私たちが何をしたでしょうか？　悪い点の良いところを取り入れて、次の商品を展開しました。私たちには、外に出てもう一度やり直す勇気があったのです。自分の強みを活かして、もう一度リスクを取りました。挫折は、私たちを萎縮させることもあれば、強くすることもあるのです。

たとえ毎回勝てなかったとしても、その試合に注いだハードワークと情熱と根性を称えるのは、美しいことです。**大切なのは矢を放つことであり、必ずしも命中しなくてもいいのです**。アイスホッケー界のレジェンド、ウェイン・グレツキーの言葉を借りれば「シュートを打たなければ、ミスする確率は１００％」です。挫折したことをブレーキにするか活力にするかは、あなたの考え方次第なのです。

押さえつける力⑥　社会システム上の偏見

偏りのある権力の力関係を下支えする構造や体制。進歩と変化を阻むシステム全体の障壁。システムは私たちが作ったものでも、私たちのために作られたものでもありません。

実力主義が通用するのは、学校の成績評価までのこと――そう気づくのに、私は20年近くかかりました。現実の世界には「公平な」評価システムなど存在しません。社会的属性は、つながりを示す最も簡単な指標であり、組織的な偏見を助長し、時に客観的なメリットや価値よりも優先されます。

職場では、この偏見はひっそりと存在することもありますが、いったんこれに気づくと、あちこちで目にすることになります。あなたにふさわしい昇進が男性の同僚に与えられたり、あなたが提案した素晴らしいアイデアが、その人の手柄になったり。私が思い出すのは雑誌『パンチ』の有名な風刺漫画です。5人の男性と1人の女性がテーブルを囲んで会議をしているときに、ひとりの男性がこう言います。

「それは素晴らしい提案ですね、ミス・トリッグスさん。おそらく、ここにいる男性の誰かが、それを実現したいと思っていますよ」

最近ではそんな露骨なやり方は少ないとしても、長年の固定観念を取り除くのは難しいため、私たちはいまだに、過小評価され、軽視され、見くびられていると感じることがよくあります。

そのことを裏付けるのが、イエール大学のケリー・シュー教授と同僚たちによる調査です。3万人近くの労働者の評価と昇進の記録を調べた結果、**女性のほうが男性よりもパフォーマンス評価が高いにもかかわらず、リーダーシップ能力が低いという一貫して誤った判定が下されており、そのパターンが、その後に女性のパフォーマンスが期待を上回ってもなお続いていました。**シュー教授はさらにこう続けます。

マネージメントと潜在能力の観点から一般的に語られるのは、積極性、実行能力、カリスマ性、リーダーシップ、野心といった特性です。これらは本物の特性だと私は思います。そして同時に、非常に主観的であり、ステレオタイプ的に男性のリーダーに関連付けられています。私たちが得たデータから見えてきたのは、潜在能力の評価において、女性に対してかなり強いバイアスがかかっていることです……。女性は、出世の階段を上がるにつれて、実際の将来的なパフォーマンスに比べて、今後見込まれる能力の評価が低くなります。このことが、上に行けば行くほどガラスの天井が厚くなる一因になると私は考えます。(11)

先ほど登場した友人の話に戻りましょう。エヴァは50代で、国内有数の心臓病センターに20年以上勤務しています。ある日、電話で互いの近況報告をしていたときに、彼女がこんな不満を打ち明けました。

「私は主任医務官のポストを何度も抜かされているの。白人の男性が私を差し置いて昇進するたびに、理由がわからなくて。私はいつかグループのCEOになりたいの。なのにずっと、レストランのマネージャーのような扱いで、常にあちこち走り回って、あらゆることが機能してすべての人がうまくやっているかをチェックする役回り。トップに立つ職務に値すると見られていないのよ」

エヴァは頭が良くて能力が高く、仕事に人生を捧げていて、〈一番の強み〉をいくつも備えています。でも——私たち誰もが経験するように——エヴァは、「頭が良くて能力が高いので、認めてもらえるだろう」と考えたのです。そして彼女は身を粉《こ》にして働きました。人生を職業に捧げ、いつか認められるだろうと信じていました。しかし何をやっても、彼女のCEOの男性は、自分に似た人しか昇進させないのです。私はエヴァに言いました。

「いったん学校を卒業してしまうと、その後の人生では誰も第一位のリボンを渡してくれないし、成績表を出してくれない。自分を高めるためにあらゆる努力をすることはできるけれど、あなたが働いている職場のシステムを変えるか、それともあなたの能力を評価してくれる職場を探すかは、自分自身が決めることよ」

これはエヴァにとって新しい考え方でした。電話の最中、ようやくエヴァは腑に落ちたのです。

「なるほど、ゲームのルールが違うのね？」

エヴァは自分の〈一番の強み〉を知り、それを活用して、職場風土を分析し、自分の能力を活かした働きが認められ、報われるような変更を提言しました。その後、エヴァはほどなく主任に昇進し、今はクリニックの運営を目指せる立場にあります。そして何より重要なことに、自分の能力に自信を持っています。しかし、そこに至るまでには、職場の外的な圧力に気づいて、自分の能力を表明するための「言葉」を持つ必要がありました。

ちなみに、女性だからといって、まったく偏見を持たないわけではありません。とりわけ権力を持つ女性の場合、優秀だからではなく、駆け出しの頃の自分に似ているという理由で、ついその人を昇進させてしまうことがあります。人生に仕組まれた偏見の悪影響を理解して、自分の中にも潜むひいきの感情を認識し、スキルとリーダーシップの評価基準を拡大することが大切です。

意識的に〈なめられない私〉を選びなさい

私自身、本書の執筆にあたっては「私たちを押さえつける6つの力」のすべてに負けそうになりました。執筆の協力者のキャシーとの初めての打ち合わせは、私のインスピレーションの源でもあるお気に入りの店「ドラマ・ブックショップ」で行いました。１９１７年の開業以来、数々のブロードウェイのショウを生み出してきたニューヨークの老舗の演劇書店です。

ところが私は、ワクワクしてさっそく取りかかりたいどころか、そもそも自分に本が書けるのかという疑念で胸がいっぱいでした。その裏には正当な理由がありました。

前年の世界的なコロナ禍によって、私のビジネスは（他の多数のビジネス同様に）ほぼ壊滅状態。２０２０年3月の売り上げは、ゼロではなくマイナスでした。顧客がオフィスや会議、イベントやパーティで使わない洋服を返品したので、当社は30日の返品ポリシーに従って、その月の売り上げ以上の額を返金したのです。その後、1年半の間、ビジネスを継続するために、病院用のガウンやフェイスマスクだけを製造していました。

私は落伍者の気分でした。自分を過小評価していました。手持ちの札が悪いように感じていましたし、他の作家やその人への称賛と自分を比べていました。複数の出版社から、企画提案の段階で却下されました（後に版権エージェントのアンディが、出版の世界では90％拒否されるのが一般的だと教えてくれました）。こんな私が、自信を持つための方法をアドバイスする本が書けるのだろうか？

キャシーに直接会うのは数か月ぶりでした。席に着くと、私は不安な気持ちをぶちまけました。キャシーは黙って話に耳を傾け、私が話し終わると、こう言いました。

「あなたがこれほど苦しい経験をしながら生き残ったという事実が、まさに、あなたがこの本を書ける、そして書くべき理由ですよ」

キャシーは、私がこの旅に乗り出した理由を思い出させてくれました。それは、女性たちが最高の自分の姿に向き合えるようにすることです。

私の才能は、世界一ポジティブな鏡になれること！　人の良いところが見えるし、その人にもそれを見て信じさせることができます。その日の私には、本書の後半で説明する原則に従うという選択をして、「私にはできる」と自分を納得させる必要がありました。キャシーは私を、「不足思考」の悪循環から引きずり出してくれたのです。

品格を持って、〈なめられない私〉になることは意識的な選択です。私は、この本で展開する原則を信じるという選択をしなければなりませんでした。

この本を読んでくださっているあなたは、その選択をする覚悟ができていますか？　私は、あなたにはできると知っています。

スタンフォード大学の心理学者キャロル・S・ドゥエックのおかげで、マインドセット（思考の癖）の威力が世に知られることになりました。名著『マインドセット「やればできる！」の研究』（草思社）が示しているのは、学校や職場、そして人生のほぼすべての側面における成功が、自分の才能や能力の捉え方に劇的に影響されるということ。**人間の能力は生まれつき固定されたものだと考える「硬直マインドセット」の人は、能力は伸ばせると考える「しなやかマインドセット」の人に比べて開花する可能性が低くなるのです。**

自分を妨げるこうした力に気づいたら、マインドセットを変える積極的な選択をしなければなりません。フロイトの意識の氷山モデルによると、行動は、意識と前意識と無意識から影響を受けます。意識的な心は私たちの精神のうち目に見える10％にすぎず、水上に他人から見える氷山の一角なのです。水面下には多数の価値観と仮定があり、これが私たちのマインドセットを動かして、目に見える行動に無意識と前意識の影響を与えます。

マイナス思考のマインドセットから抜け出したければ、水面下を動かすという選択をして、自信を持った成長志向のマインドセットに信念をリセットする必要があるのです。

どうすればこの選択ができるでしょう？

選ぶだけでいいのです。なぜなら私たちは完全な自信を持って生まれているからです。自信を失うのは、押し戻そうとする力のせいです。選択すると決めて取り組めば、自信は戻ってきます。

「自信」に変えられる5つの自己不信

今、あなたは重要な分かれ道に立っているかもしれません。次の5つに思い当たる人は、「自己不信」を「自己信頼」へと飛躍させるチャンスです。

自己不信の例①　「もうウンザリ！」と思っている

モニカを覚えていますか？　労力に見合う給料はもらえても、肩書を与えてもらえないために、手柄を横取りされたり、会議での発言をさえぎられたり、貢献を無視されたりしていました。責任ばかり抱え込んで、それに値する評価や敬意をもらえていなかったのです。モニカはもうウンザリでした。意見を出すのをためらい、たとえ発言しても、男性の同僚たちにはかなわないように感じました。

そこで私はモニカに、「肩書を変更してもらいたい」と上司にずばり伝えるように指導しました。自分の価値を証明する資料集めはしなくていい、交渉ではなく自己主張を、と。肩書が変われば、モニカにも上司にもメリットがあります。モニカが認められ大切にされていると感じることができれば、さらに職場での活躍が期待できるからです。モニカは上司にこう言いました。

「私の肩書に、私が担っている責務と、人から私の役割がどう見えるかが反映されていることが重要です。これは私にとって大切なことです。私がこれまで得てきたもの、日々の働きの価値にふさわしいものを、肩書に反映してください」

上司はすぐに人事部に電話をして、肩書の変更を申請しました。そしてモニカに、肩書の上での昇進以上にあなたの能力を認めています、と伝えました。私への結果報告のときのモニカの第一声はこうでした。

「どうしてもっと早く言わなかったんだろう？　話す前の私は、なぜあんなに不安だったんだろう？」

モニカは自分の価値を知ることのパワーと、それを自己主張できる能力が自分にあることを学びました。過去にこういった話ができなかったのは、自分を疑い、結果を疑っていたからだと気づいたのです。私はモニカに、次に手ごわい会話をするときには、この瞬間を思い出して、最悪のシナリオを想像して貴重なエネルギーを無駄遣いせずに自分の能力を信頼するように勧めました。「もうウンザリ！」の感覚は、自己信頼へと向かう選択をする強力な動機になるのです。

自己不信の例②　「評価されていない、見てもらえていない」と感じている

子育てに専念中のニコールは、「私は自分の可能性を最大限に発揮している？」「自分がしているすべてのことが評価されている？」と悩んでいました。そして、自分の〈一番の強み〉を見つけるために診断テストを受け、結果を確認しながら、自分が喜びとエネルギーと優しさと組織力を駆使して、すべてのことに取り組んでいたことに気づきました。家族と友人に、どれほど貢献しているかも実感しました。

すると、自己評価が変わりました。**外的なモチベーションに焦点を当てるのではなく、内なる強さを認めることができたのです。**

自己不信の例③　人生の変わり目にいる

結婚25年目に夫から離婚を要求されたメアリーは、私の会社にメールを送り、息子の卒業式に

着る服のアドバイス（元夫も出席する予定）を依頼しました。数年ぶりに職場復帰する予定で、その両方に使えるドレスを探したいとのこと。人生の番狂わせが、メアリーに選択をさせたのです——前進して成長することを（知らない会社のカスタマーサービスにメールを送信したのが「選択」です！）。

私たちは彼女にぴったりのドレスを見つけました。そして私は、今も定期的に近況報告を受けるのを楽しみにしています。「自己不信」ではなく「自己信頼」を選び、決してふり返らなかったメアリーからは、私も刺激を受けています。

自己不信の例④　転職や昇進に悩んでいる

健全な自意識が自己不信へと豹変して、行動を妨害することもあります。これが起きやすいのは、「転職」や「昇進」のチャンスがめぐってきたとき。

新しい仕事や昇進を、自分にはもったいないと感じたことはありませんか？　自分にはできないのではと心配し、せっかくチャンスを与えられたのに自分はそんな器ではないと感じたことは？

医薬品の営業職にキャリアのほとんどを費やしていた友人のアリソンは、ＳＮＳとデジタル・マーケティングの代理店から仕事をオファーされました。

「オファーされたのは素晴らしい役職で、給料もいいし、高成長セクター。だけど、業界についての知識がまったくないし、受けるべきか迷っている。この職務をうまくやれるという信頼に自分が値するとは思えない」

私たちは一緒に、彼女がこの機会にふさわしいあらゆる理由を書き出しました（人間関係の構築が秀逸、学習が速い、根性がありエネルギッシュ、など）。そして、これらの能力を、新しい職種でどのように活かせるかを考えました（デジタル・マーケティング分析という現代社会で貴重なスキルを学ぶことができる）。最後に私は、まだその任務をこなせるかを疑問に思っているかと尋ねました。するとアリソンは答えました。

「彼らが採用ミスをする可能性は低い。**私を雇うのには何らかの理由があると信じることにする。私はこの職にふさわしいし、精いっぱい頑張ることにするわ！**」

自己不信の例⑤　崇高な目的を見失いそうになる

時に私たちは、世界に影響を与える行動を起こしたい、自分と周囲の人生に価値をもたらす何かを追求したい、という欲求にかられます。**お金や地位ではなく、もっと崇高な動機から行動し、創造したいと考えるのです。**

２０２０年１月、経験を積んだ製薬企業の幹部であるキャロル・ヴーは、自社に初の女性の従業員リソースグループを創設し、これがコロナ禍のさまざまなプレッシャーを乗り切るのに役立ちました。創設した理由について、彼女はこう話しました。

「社内の女性は注目されていませんでした。私たちは社内に点在する小さなサイロの断片のようなものです。実現するのに、この業界で働いて20年かかったけれど、みんなを団結させる必要があった、それだけなんです。私だけではなく、これを必要としていた社内の全員の問題でした」

価値観と目的を理由に行動するのであれば、選択は必須です。

いかがでしょうか。あなたにも、選択をする理由があるかもしれません。少し時間を取って、「飛躍を選ぶ動機について、私と一緒に考えてみましょう。「品格に満ちた、なめられない私」を目指してこの選択をするのは大きな一歩です。スイッチを切り替えるような簡単なことではありません。そのプロセスは生涯にわたり、道の途中には障害物も回り道も出口車線もあります。

その過程で助けになるのがリマインダーです。**ここで言うリマインダーとは、自分の信念を思い出すための装置。これがあれば、自分の選択を日々実感でき、モチベーションが維持できます。**

ダンボにとってのリマインダーは、空飛ぶ羽です。友人のミラは、お気に入りの口紅をつけるとそのような効果があると教えてくれました。グラビタス社の顧客であるアリソンは、大きな会議の前に、自分の幸運のドレスに縫い付けられたタグの〈ｇｒａｖｉｔａｓ〉の文字を見て、気持ちを落ち着けるそうです。

私にもリマインダーがあります。机に置いた、母と弟と私の写真です。南カリフォルニアの砂漠で育った私ですが、9歳のとき、初めて雪を見るために、ビッグベア・マウンテンに家族旅行に行きました（母は、いったいどこで冬用コートを調達したのでしょうか?）。母が弟を雪で滑らないように支えていて、みんな笑っています（母は雪道が初めてだったので、スノーブーツが必要なのを知りませんでした）。私は、自分を疑う気持ちが芽生えたり、大きな決断を迫られたりしたときに、この写真を眺めて9歳の自分に話しかけています。

子ども時代の自分と会話をするたびに、自己信頼へと向かう選択をする勇気がわくのです。

あなたにも、この選択をしてほしいと思っています。**「品格に満ちた、なめられない私」を手に入れる旅の最初の一歩は、手に入れることができると信じ、自分がそれにふさわしい人間だと信じること。**

それは成長志向の自信のマインドセットの、基礎作りの最初のステップであり、「勇気」と「思いやり」と「つながり」という3つのポイントを具体化することです。これから育むマインドセットは、逆風を吹き飛ばす力になります。

この正真正銘のあなたの能力が、自分の中にどっしりと構えています。そのことを自覚できれば、周囲の変化に振り回されて自分らしさを見失うことがなくなります。恐れに直面したときには、行動を起こすように励ましてくれます。自分を信じることができれば、もっと遠くまで行くことができます。目標を達成して、本当の充実感を得ることができるのです。

あなたが本来持っている自信のタイプを特定して、それをコミュニケーションや、状況や人間関係の対処、夢の実現に活用していきます。

覚悟はいいですか？　では、楽しいパートに移りましょう。

パート／2

あなたの〈一番の強み〉を見つける

第3章　あなたの〈自信の言語〉を特定する

なめられない品格を身につけるために、自分の〈一番の強み〉を見つけましょう。これからご紹介する診断テストは、あなたの得意分野を素早く正確に把握できるように作られています。

この診断テストは、あらゆる人種、年齢層、ライフステージの数千人の女性とのやりとりを基に開発しました。専業主婦から専門職まで、業界も役職のレベルもさまざまです。女性たちとの出会いは、10年以上にわたる、講演会や対象者グループへの調査、試着室でのアドバイスを通じたものであり、それ以前の10年間に私がコンサルタントとしてさまざまな業種に関わった経験も取り込みました。

私の会社のチームスタッフは、偏りのない聴衆1000人を対象にした定量的調査によって、一連の研究内容を検証しました。対象の女性は調査の意図を知らず、年齢は25歳から75歳で、異なる収入と年齢と人種と雇用状況（働いている、働いていない、以前働いていたが今は働いていない）の代表者として採用しています。

これは、あなた自身が自分のどこに生来の才能を見いだしているかを自己評価するテストです。基本的な特性や感情や価値観は、程度の差はありますが、誰もが共有しています。このテストによって、生来の強みを発揮できる範囲が明らかになるはずです。

特定のシナリオをなぞるときの自分のパターンがわかり、あなたの成功の原動力が何であり、「品格に満ちた、なめられない私」に向かってレベルアップするために何が必要かについての情報が得られます。

私は、多くの女性が勝利や転機、喪失の悲しみや後悔に向き合うのを見てきました。このテストを使って、ぜひ、自分の出発点（つまりデフォルト）と〈自信の言語〉についての理解を深めてください。

さらに、自分の強みを把握できたところで、〈一番の強み〉のマントを羽織り、成長を続けるための方法もお教えします。

〈一番の強み〉を知る診断テスト

次のページの文章のうち、あなた自身を説明していると思うものに○をつけてください。正解、不正解はありません。できるだけ正直な気持ちで、該当するものをすべて選んでください。

□ ❶会議を主導するのが好きだ

□ ❷場の盛り上げ役だと人から言われる

□ ❸ゴール設定をして達成（または超越）するために働くのが好きだ

□ ❹何の見返りもなく人を助けるのが好きだ

□ ❺決断をしたり意見を準備したりする前に情報を集めて分析するのが好きだ

□ ❻新しいアイデアを思いつくのがとても得意だ

□ ❼グループ内では心を落ち着かせる存在だ

□ ❽グループの中で、自分を認めさせたり人を感心させたりする必要を感じない

□ ❾グループで何かをするとき、主導権を持つことを期待される

□ ❿新しい人に会うのが好きだ

□ ⓫挑まれるとさらにやる気が高まる——健康的な競争が好きだ

□ ⓬聞き上手だ。しょっちゅう誰かが私に愚痴を言いに来る

□ ⓭「知識は力である」が私の人生のモットーだ

□ ⓮将来はどうなるだろうと、しょっちゅう考える

□ ⓯たとえ最も困難な時期であっても、きっと良いことが起こり、状況が良くなると期待する

□ ⓰恥ずかしいと感じることがめったにない

□ ⓱演説やプレゼンテーションを行うと元気がもらえる

□ ⑱ディナーパーティで知らない人の隣に座っても大丈夫――生まれつきの魅力があるから！

□ ⑲練習すれば完璧になると信じている

□ ⑳完璧なプレゼントを選ぶために、時間をかけてじっくり考えるのが楽しい

□ ㉑自分は論理的で合理的な人間だと思う

□ ㉒創造的な活動を楽しめる

□ ㉓すべての出来事には理由があると信じている。起きなかった場合は、そうなるべきではなかったのだ

□ ㉔他人がどう思うかを心配せずに、自分がやりたいことをやる

□ ㉕素晴らしいコーチだと人から言われる

□ ㉖人から好かれているかを気にする

□ ㉗挫折に関係なく、継続したり耐え抜いたりする

□ ㉘友人が病気のときは、一番乗りで駆けつけて助ける

□ ㉙「やることリスト」を上手に作成するのが楽しい。ほぼあらゆる場面でスプレッドシートを作成できる

□ ㉚「初めてのこと」にワクワクする――これまでしたことのないことを経験したり実行したりするのが好き

□ ㉛たとえ困難な時期であっても、未来に大きな希望を抱いている

□㉜ありのままの自分が快適だ
□㉝友人との外出のプラン作りは私が担当する
□㉞物語を語るのが大の得意だ。乾杯の音頭を頼まれるのが大好き！
□㉟常に自分の行動を査定して、とりわけ改善に活かそうとしている
□㊱「あなたはいい人すぎる」と言われる（何かしてあげても当然だと思われるほどに！）
□㊲すべての情報が手元にないと、意思決定をするのが不安だ
□㊳実際に目で見る前から、物事を信じる
□㊴挫折に直面したときには、宇宙や自分より偉大な何かに身をゆだねる
□㊵他人から脅かされていると感じない
□㊶物事を自分の思い通りにするのが好きだとよく言われる
□㊷圧倒的な存在感があると人から言われる
□㊸頑固になり、いつ手放していいかわからないことがある
□㊹人の成功を手伝うことで大きな満足感を得る
□㊺新しいことを学ぶのが楽しい
□㊻現実的ではない、または夢想家と言われる
□㊼感謝を心がけている（自分にコントロールできないことを心配するのではなくて）
□㊽自分のことで言い訳する必要を感じていない

□ ㊾人を説得し、プロジェクトやチャリティへの参加や貢献を促すのが得意だ
□ ㊿注目の的になるのが好きだ
□ (51)業績が自分の大きな部分を占めている
□ (52)他人の幸福に対して責任を感じることが多い
□ (53)とても好奇心が強い人間だ
□ (54)非常に想像力が豊かだ
□ (55)普段から、あらゆる状況や他人の一番良い部分を見るようにしている
□ (56)自分を人と比べることはめったにない

診断結果を確認する

先ほどの診断で当てはまった番号を93ページの表から探し、○をつけてください。○の数を縦に数えて、下に数を書き入れましょう。一列が4個以上であれば、おめでとうございます、あなたの〈一番の強み〉が見つかりました！　私たちが調査した女性の80%は、少なくとも1つの項目で高いスコアを獲得しました。それが、あなたが最も快適にできて能力の高い分野です。あなたはすでに、このタイプの自信を自然に表現する方法を知っています。

平均して、人には〈一番の強み〉が2つあります。一列に2個か3個のチェックが入った人は、すでにその分野である程度の力を発揮しています。

これは素晴らしいことであり、さらに強化できる基礎を持っているということです。1個か0個の項目は、あなたの人間関係や状況に合わせて、これから身につけていきたい分野です。

あなたの〈自信の言語〉

あなた独自の〈一番の強み〉の組み合わせが、あなたの〈自信の言語〉です。これがあなたのデフォルトモードであり、あなたの自己信念の源です。診断テストの結果を記録しておきましょう。

私の〈一番の強み〉（チェックが4個以上）

私が時々発揮している強み（チェックが2個または3個）

私が伸ばしたい分野（チェックが1個または0個）

与える力	成果を出す力	目立つ力	主導する力
4	3	2	1
12	11	10	9
20	19	18	17
28	27	26	25
36	35	34	33
44	43	42	41
52	51	50	49
個	個	個	個

自分を支える力	楽観の力	創造する力	頭脳の力
8	7	6	5
16	15	14	13
24	23	22	21
32	31	30	29
40	39	38	37
48	47	46	45
56	55	54	53
個	個	個	個

第4章では、8つの強みの詳細と、あなたの中にある素晴らしい能力を活用する方法について、具体的にお教えします。品格を手に入れるのに8つすべてが必要なわけではありませんが、あらゆる自信のタイプを知っておくと、自分とは異なる〈自信の言語〉を持つ人に出会ったり、新しいスキルを学ぶべき状況に出くわしたりする際に役に立ちます。

ちなみに、私たちの定量的調査では、女性は年齢を重ねるか、会社で上級職に就くにつれて、〈一番の強み〉が平均2つから3つ以上へと進化することがわかりました！

8つの強みのすべてにおいてチェックが3個未満の方へ

チェックが3個未満だった場合は、次のような見直しをしてみてください。

① 自分の強みを十分に評価していないか、強みに気づいていない可能性があります。自分がどれだけ素晴らしいかを知るには、尊敬する誰かの手を借りることも必要です。友人や信頼できる同僚や家族に、あなたの代わりに診断テストに答えてもらってみてください。

② これはすべての方にお勧めすることですが、もう一度診断テストに「願望をこめて」答えてみてください。これらの文章のうち、「こうなれたらいいな」と思うものはありますか？

望みを叶えるために必要または欲しい能力はどれでしょうか。診断テストの結果をふり返り、あなたが手に入れたい〈一番の強み〉はどれだったでしょう？

これで、何か1つは見つかったはずです。

第4章　自信の8つのタイプを知る

あなたの〈一番の強み〉は〈与える力〉ですか？〈楽観の力〉でしょうか？　意外な発見はありましたか？〈一番の強み〉が何であれ、それを発見したことで、「品格に満ちた、なめられない私」の実現に一歩近づきました。

それはあなたが最も流ちょうに話せる「言語」であり、あなたが快適に暮らせる場所です。〈自信の言語〉はあなたが、いつでも頼れる基盤です。ちなみに、1つか2つ持っている人が多く、8つすべてを備える人はわずか2％です（私の母がその1人です）。

自分を認め、自分の長所を理解し、何が朝の目覚めを良くするのかを知っていることは、とてつもない力になります。

この章では、8つの強みについて1つずつ解説します。あなたの〈一番の強み〉を知り、8つすべてのタイプを理解することで、自信を持つとはどういうことなのか、あなたが自分をどのように見ているか、どの部分を成長させたいかを読み解くことができます。

〈一番の強み〉の説明に続いて、私たちの定量的調査から得たデータと、個人や女性全体としての特徴や、よくある組み合わせについても記しましたので、参考にしてください。
では、8つの強みを詳しく見ていきましょう。

①〈主導する力〉
―戦略的思考で先を見通し人を導く―

◇会議を主導するのが好きだ
◇グループで何かをするとき、主導権を持つことを期待される
◇演説やプレゼンテーションを行うと元気がもらえる
◇素晴らしいコーチだと人から言われる
◇友人との外出のプラン作りは私が担当する
◇物事を自分の思い通りにするのが好きだとよく言われる
◇人を説得し、プロジェクトやチャリティへの参加や貢献を促すのが得意だ

この強みを発揮できる人は、戦略的な思考の持ち主で、長期的なゴールに向かって取り組むことができます（場当たり的な危機管理ではなく）。方向性を積極的に示して人を従わせる能力があります。説得力があり、具体的な、価値観をベースにした測定可能なミッションを描くことが

できるのです。また、責任を引き受け、北極星のように確実なビジョンを掲げ、そこに到達するまでの道のりを明確にプランニングします。

コース設定ができることに加えて、広範な計画の各ステップを実行し、決意を持ってプロジェクトを前進させ、途中に起こる問題を常に解決していきます。大局を見て情報を共有できると同時に、必要があれば腕まくりをして活動の輪の中に入ります。山あり谷ありの道のりであっても、巧みに軌道修正しながら、重要なことを優先し、他のメンバーの能力を最大限に引き出すためのメンター役やコーチ役を務め、メンバーの才能を全体的な計画に組み込み、準備から出発、到達までの責任を担います。

コミュニケーションが明快で、人のやる気を高める能力に秀でています。プロジェクトへの参加を自然に促し、人の信頼を集めるような権力の示し方をするため、部下たちは安全に保たれていると感じます。このカリスマ的な資質によって、人にインスピレーションを与えることができます。あなたの計画は、人の助けがなければ達成できません。ひとりですべてを行うことは誰にもできません。**あなたの成功の中心にあるのは、チームビルディングです。**

一番輝く瞬間＝困難な状況を乗り越えるとき

決断力があり、勢いを求める人なので、率先して行動します。また、他の人が不可能だと思うことを達成するにあたって、必要ならば、助けを求めることを恐れません。明確な戦略に基づいて、自分と他人を擁護します。

私たちの定量的調査では、〈主導する力〉を〈一番の強み〉に持つ女性は、あらゆる状況を乗り切るにあたって、最も自信にあふれており、昇進や昇給の要求やプロジェクトの主導において、快適さが平均よりも40〜50%高いという結果が得られました。当然ながら、人前で話すことに平均の2倍の自信があります。

成長志向であり、思慮深い批判をありがたく受け止め、改善するチャンスを捉えます。喪失や切望を穏やかに受け止め、そこから回復する能力において、最も高いスコアを獲得しています。(1)

社会的属性＝社会的地位があり、逆境を乗り越えた人

〈主導する力〉を〈一番の強み〉に持つ女性の3分の2近くがフルタイム勤務であり、平均より2倍の可能性で上級職に就いています。経営者である人が59%多く、スタートアップで働く人は2倍以上です。

このタイプの女性は、生い立ちに「〝初〟であることを強いられた」立場（例：家族で初めて大学に行った、移民一世など）、逆境を乗り越えた人（例：経済的に不安定、仕事を解雇されたなど）が平均に比べて多いのも特徴です。この〈一番の強み〉を持つ私自身の経験として、喧嘩

腰になりやすい傾向があり、自分には証明すべき何かがあると感じていて、それが成功へのさらなるモチベーションになっています。

マイナス面① 柔軟性がない

「私の後についてきて！」という言葉は、楽しいお誘いでない限り、あまり効果を発揮しません。〈主導する力〉を〈一番の強み〉に持つ人は、度が過ぎると「頑固で支配的で冷酷。最終目標を目指しすぎるあまり、ビジョンの推進を妨げるものには一切協力しない」というレッテルを貼られます。「私のやり方が嫌なら出ていけ」という態度です。

マッキンゼーに5年勤めた後、私は初めてのリーダー職であるプロジェクト・マネージャーに昇進しました。年度の後半に、私の下で働いた人全員を対象にした社内アンケートがあったのですが、私はその結果に愕然としました。再び私と一緒に働きたいと答えた人は、20人中たったの2人だったのです。

フィードバックを詳しく見ると、私はチームの卓越した高水準を保ち、明確に仕事を指示していた一方で、非効率だと見なしたチームスタッフに攻撃的になり、全員に私のやり方に従うように強制したので、意見の相違が入り込む余地はほとんどありませんでした。簡単に言えば、私は圧倒的な存在感を武器に、強引にチームを制圧してしまったのです。

私は当時のメンターのひとりに、こう言われました。

「リサ、きみが多くの有能な人たちの肩の上に立たせてもらっていることを忘れないようにしなさい」

私は即座に、リーダーシップの重要な教訓を学びました。リーダーとしての資質は、自分の行動だけから得られるものではない。チームスタッフの行動にも頼る必要があるのです。

目標達成だけではなく、自分が成長するためにも、高い機能性を備えたチームの貢献と才能と感情的ニーズを尊重しましょう。**単独でてっぺんに立つよりも、他の人と肩を並べているほうが、勝利に対する報いがはるかに大きくなります。**

チームスタッフがそれぞれの才能を活かして、時には私と異なるやり方で実行してくれると、私は重要なことに集中できる時間ができ、仕事がはかどりました。これを会得すると、毎回結果は良くなっていきました。

↓ 対処法　支えてもらっていることを見える化する

チームの才能と貢献を評価するために、毎週日記をつけて、各チームスタッフについて、長所の具体例、私が感心した点、チーム全体の仕事に与えた影響について記録することにしました。プロジェクトの進行中に時間を設けて、私が見いだした各々の潜在能力について個別に共有し、私が提供したいコーチングを補完するものとして感謝の気持ちを伝えました。功績を共有するときには「私」よりも「私たち」が優先されること、仕事の達成にあたってチームワークの必要性の認識が重要であることを学びました。

私のお気に入りのYouTube動画のひとつが、デレク・シバー（Derek Siver）の「First Follower：Leadership Lessons from Dancing Guy（1人目のフォロワー：ダンス男から学んだリーダーシップ）」です。(2)動画では、ある人が立ち上がって公園で踊り始めます。間もなく、ひとりの友人が加わり、他の人たちにも参加するように手を振ると、3分もたたないうちに、公園にいる全員が踊り始めます。

ナレーションは、最初に始めたリーダーには、みんなが真似しやすいように「ひとりで立ち上がって恥をかく」勇気があると認めつつ、最初のフォロワーが重要な役割を果たしたと指摘します。最初のフォロワーが「全員にフォローの方法を公開しました。また、リーダーが彼を対等に受け入れたことに注目してください。もはやリーダーの問題ではなく、複数形の、みんなの問題なのです」。

3分間にわたり、後続のフォロワーが手を振って他の人をダンスに誘うことで、公園でダンスをするハードルが下がりました。「新たなフォロワーは、リーダーではなくフォロワーたちを手本にする」からです。ビデオの終わりには、フォロワーシップを賛美することが、リーダーシップの成功の基本的な要素であることが明らかになります。

「最初のフォロワーは、孤独な変人をリーダーに変えます。リーダーが火打ち石だとしたら、最

初のフォロワーは火をおこす花火です」

あなたを支えてくれる人たちを、目に見える形で認める時間を作ることで、全員が有能さを感じて自信を持てる環境が生まれます。「最初のフォロワー」を賛美することが、小さな変化が大きな結果を生み出す美しいバタフライ・エフェクトを生み出すのです。

マイナス面②「冷たい人」に見られる

女性は、「有能であり、自信を持ち、温厚であれ」という三重規範（トリプル・スタンダード）に直面します。そして3番目の「温厚さ」を欠いている女性リーダーの多くは、「冷酷」「偉そう」「攻撃的」という理不尽なレッテルを貼られています。同じ立場の男性には、そのようなレッテルは貼られません。リーダーシップ研究で知られるマルガリータ・メイヨは、次のように記しています。

「女性が能力を活かし、職場で自信と影響力があるように見られるためには、温厚な人である必要がある。有能な男性は、温厚かどうかは無関係に、自信と影響力があるように見られる。女性が組織の中で自分が望む影響力を持つためには、温厚に見られる努力をわざわざしなければならない」(3)

これは、〈主導する力〉を〈一番の強み〉に持つ女性に「偉そう」や「おっかない」という表現が使われ、大きな物議を醸してきた理由の説明になりそうです。この強みには絶大な威力がある一方で、女性の場合には、能力と温厚さをセットで持ち合わせることが期待されるのです。

↓　対処法　意識的に交流を増やす

〈主導する力〉には、他人の良いところを引き出す能力が組み込まれており、その強力な要素が「共感力」です。温厚さを示すために「他人に心から関心を持つ」という形を取るのも一案です。部下のモチベーションや目標、大切にしていることに目配りをしましょう。

チームスタッフを知るための時間を作る（連絡を取る予定をスケジュールに入れる、お茶や食事をしながら近況報告をするなど）ことで、人と人のつながりが生まれ、交流することでリーダーを補佐する能力が強化されます。貴重な個人の経験談や会社の逸話を共有する機会が、あなたの人生に新たな視座を与えてくれるでしょう。

「手作り感」も大切です。『ハーバード・ビジネス・レビュー』誌の2011年の記事で、〈キャンベル・スープ・カンパニー〉の元CEOダグ・コナントは、時間をかけて会社への貢献を称える感謝状を手書きしていたと語っています(4)（彼は在任中に3万通以上を手書きしたそうです！）。

〈主導する力〉を高める方法①　手を挙げる

〈主導する力〉は企業の出世のはしごを登っている人も、慈善団体の委員会のリーダーの人も、習熟しておきたい素晴らしい強みです。頼みごとをして欲しいものを手に入れたいときにも役立ちます。

リーダーシップとは責任を担うことです。〈主導する力〉を発揮するための最初の一歩は、リーダーシップを取りたい、と周囲に知らせること。一歩前に出て、リングに帽子を投げ込み、目立ちましょう。あなたに挑戦する準備があると周りに知ってもらえます。一歩を踏み出すためのインスピレーションが必要なら、元気の出る歌や文学作品の引用など何か気持ちを高めてくれるものを探してみましょう。

〈主導する力〉を高める方法②　「北極星」を定める

リーダーシップは方向性を明確にすることから始まります。長期的なゴールを掲げて、目的地を具体的な形にすることで、〈主導する力〉を発揮することができます。「5年以内に、私が人生で到達したい地点は○○」「来年は私のチームで○○を達成したい」など、目的地はさまざまです。目標が魅力的である理由や、成功の指標について、おおまかに説明することが大切です。経験と勘で反応するのではなく、**リーダーシップには計画性のあるマインドセットが重要なのです。**

わかりやすくて従いやすい戦略を持つことも大切です。到達するための手順、必要となるリソース、あなたが頼るサポートネットワーク、予期すべきリスクについての概要を示しましょう。目標が明確で、先に進む道のコントロールが定まってくれれば、後に続く人が従いやすくなり、先頭に立つあなたの決意もさらに固まるでしょう。

〈主導する力〉を高める方法③　共感できるリーダーシップの物語を作成する

〈主導する力〉を発揮するには、士気を高めるメッセージを発することが大切です。これを実践する方法のひとつが、あなた自身の物語をインパクトのある形で伝えること。〈キャンベル・スープ・カンパニー〉の元CEOダグ・コナントは、「個人の人生の物語とリーダーシップの物語は同じものです。仕事でのあなたは、人生でのあなたそのものです」と語っています。(5)

つまり、あなたのリーダーシップはあなたの信念と目的に根差しているのです。だとしたら、カリスマ的な話をする際に、自分自身の物語を使うよりも良い方法はないですよね？　それは、他者とのつながりを強化し、フォロワーシップを刺激するタイプのカリスマ性です（「そんなリーダーが、私にこれをしてほしいのは理解できます」「リーダーの原点がわかったので、絆が強くなったように感じます」「リーダーとのライフストーリーの共通点が見えました」）。

②〈目立つ力〉

──エネルギッシュに人前に出る──

◇場の盛り上げ役だと人から言われる
◇新しい人に会うのが好きだ
◇ディナーパーティで知らない人の隣に座っても大丈夫──生まれつきの魅力があるから！
◇人から好かれているかを気にする
◇物語を語るのが大の得意だ。乾杯の音頭を頼まれるのが大好き！
◇圧倒的な存在感があると人から言われる
◇注目の的になるのが好きだ

〈目立つ力〉のタイプは、自信の表現が公の場に向けられていて、そのパワー（と影響）の大部分を聴衆（文字通りの意味または暗示的な意味）から得ています。

〈目立つ力〉を〈一番の強み〉に持つ人は、マディソン・スクエア・ガーデンでのパフォーマンスであれ、窓のない会議室でのアイデアの売り込みであれ、スポットライトを浴びるのに抵抗がありません。ＳＮＳに投稿するときは、〈目立つ力〉が前面に出るため、この10年でかなり主流になりました。この強みの持ち主は、古典的な外向性と芸達者な才能で、人を楽しませ気分を高揚させることができます。

熱心かつ活発に関わり、注目を浴びるのが好きで、人との接触を強く求めます。楽しいことを愛する精神を持ち、今の瞬間を生き、あらゆることにワクワク感を求め、話題が尽きることはありません。大胆で社交的、他の人から引き出したエネルギーを得て、共有の活動に加わるように人を促します。**人と一緒に過ごす時間を心から楽しむため、自分の時間とエネルギーを惜しみなく熱心に注ぎます。**たやすくその瞬間の喜びに集中でき、他のみんなにもそう感じてもらいたいと考えます。

とんでもなくイライラする状況であっても、卓越した対人スキルを発揮します。観察眼が鋭く、場の空気を読み、ほぼ誰とでも友達になり、人々をまとめ上げ、人を説得してあらゆることに参加させ、ムードを盛り上げて緊張を和らげます。どんな状況であってもエネルギーと自発性と楽しさを注入してくれる、頼もしい存在です。

一番輝く瞬間＝人前に出て周囲の緊張をほぐすとき

〈目立つ力〉の持ち主は、人前に出るときに最も自信を持ち、卓越した説得力を発揮します。聴衆の前で難なく自分語りができ（平均の2倍）、ストレスなく計画やアイデアを売り込んだり、ビジネスを始めたり、知り合いがいないイベントに参加したりできます（平均より35～70％高い）。

助けを求めることができる幅広い友人がいます（ビジネスや慈善団体の資金集めが最高に得意です）。観察力があり、人の感情に同調し、時には場の緊張を和らげたりもします。人とつながる能力が抜群に高いです。

社会的属性＝ビジネスオーナーやサービス業

〈目立つ力〉は人前に出るシチュエーションで最もよく発揮されます。そのため、この強みを持つ人はフルタイム勤務の割合が最も高く（3分の2を超える）、上級職に就く可能性が80％高くなります。平均より2倍の確率でビジネスオーナーになり、顧客との交流に刺激や喜びが感じられる、顧客対応またはサービス志向の職業に多く見られます。

マイナス面①　自分の話ばかりになる

〈目立つ力〉が極端に強いと、他人や他のことが入り込む余地がほとんどありません。発揮するタイミングを間違えると、営業の度を越える話をしたり、ナルシストまたは「人を操る人」と見なされる危険性があります。話が偏りがちで、会話のキャッチボールや反論が難しくなることも。自分を認めてくれる聴衆がいることで成長し、必要とされ、感謝されていると感じます。

そのため、自分とエネルギーレベルが合いにくい内向的な性格の人と出会うと、苦労するかもしれません。批判的な評価を受けると、ネガティブな思考が渦巻いて落ち込み、他人にどう思われているかが心配になり、評価自体や批判した人を完全に無視してしまうかもしれません。私たちの定量的調査から、〈目立つ力〉を強みに持つ人は、自分の間違いを認める可能性が最も低いことがわかりました。

↓ 対処法　話す代わりに聞く

〈目立つ力〉を〈一番の強み〉に持つ人は、他の強み、例えば〈与える力〉（他者に心からの関心を持ち、ケアをする）や〈自分を支える力〉（これは手ごわい挑戦です。なぜなら、〈自分を支える力〉は〈目立つ力〉の対極であり、感心してもらう必要性を感じないことだからです）を実践することを意識しましょう。こういった〈自信の言語〉は、〈目立つ力〉タイプの人が中心的な舞台に立つ、立たないのタイミングを判断するのに役立ちます。

〈目立つ力〉を〈一番の強み〉に持つ人に覚えておいてもらいたいのは、常に注目の的になるのがあなたの仕事ではないことです。全員に好かれるのもあなたの仕事ではなく、誰かに好かれなくても気にする必要はないのです。他の人にスペースと話す時間を与えるのは、〈目立つ力〉を〈一番の強み〉に持つ人にとって常に課題です。人を圧倒するというレッテルを貼られないようにするために、ぜひこのことを学んでください。

人を圧倒しがちなので、バランスを取るために、あなたの生来の才能である観察力を、場の空気を読んで人に気配りをすることに注いでください。自分語りはインパクトがありますが、積極的に人の話を聞き、質問をし、心から関心を寄せることも同じくらい大切です。「あなたの最新の出来事は？」などと簡単な質問をしたり、相手の話や評価を聞くときに、「もっと詳しく教えてください。もっと知りたいです」と応じるようにしましょう。

マイナス面②　集中力に欠ける

〈目立つ力〉タイプの人は、今この瞬間を生き、チャンスに飛びつきます。つまり、反復力を必要とする行動を苦痛に感じるのです。実際に、プロジェクトを完遂できると感じる能力のスコアが最も低く、集中力に欠け、他の人やもっと楽しくてエネルギーの高い状況にたやすく気を取られるというレッテルを貼られがちです。さらに悪いことに、人との接触やワクワク感のない仕事は、パフォーマンスを見せる聴衆がいないため、エネルギーがしぼんでしまいます。

↓　対処法　飽きない仕組みを作る

〈目立つ力〉は私にとって〈一番の強み〉なので、そのマイナス面も認識しており、対処する方法を2つ見つけています。

1つ目は、平凡なタスクから日々の喜びを見つける方法を探すこと。広範な目標について考え、途中でタスクの繰り返しが少なく感じられるように、楽しみと報酬を作るように努めています。

2つ目は、意図的に自分の周囲に〈成果を出す力〉〈与える力〉〈頭脳の力〉を〈一番の強み〉に持つ人たちを配置することです。こういった強みの持ち主は、仕事を確実にやり遂げることを得意とするからです。会社のチームスタッフは、私に人と交流する出番を与えてくれつつも、気を散らさない配慮をしてくれるので、とても助かります。

〈目立つ力〉を高める方法① 呼吸を整える

〈目立つ力〉は、新しい人に出会ったり、チームとの友情を築いたり、聴衆の前で話すときにとりわけ役に立ちます。

〈目立つ力〉を生来の〈一番の強み〉に持っていない人にとって、**最も大切なのが、自分の生理機能を信頼することです**。呼吸法は、迷走神経を調節して心を落ち着かせるのに役立つことが証明されています。あがり性の人に効果的な呼吸法があります。結婚式の乾杯の音頭や、人前でのプレゼンテーションを行うときにも役に立ちます。

私はステージに上がる前に必ず行う儀式があります。それは、お気に入りの歌を聞いて気分を整え、「7－5－7」瞑想を数回行うこと。やり方は簡単です。目を閉じて、鼻から息を7秒間吸い、5秒間止めて、口からゆっくりと7秒間吐き出します。心拍数が下がり、脳に酸素が供給され、集中力が高まるため、最高の力を発揮することができます。

〈目立つ力〉を高める方法②　「自己紹介」を練習する

スピーチや乾杯の前に、自分を語る準備をしておきましょう。これについては第6章でさらに詳しく説明します。私たちの定量的調査から、聴衆の前で話すことは女性が最も苦手とする分野のひとつであることがわかっており、得意になりたいなら、〈目立つ力〉をもう少し強化する必要があるのです。

〈目立つ力〉を高める方法③　はつらつとした態度で、熱心に接する

名前を覚え、質問をし、熱心に接する人は、今この瞬間に情熱を注ぎ、個人的な交流を望んでいるという印象を与えます。はつらつとした声や表情や身ぶりなどによって、あなたが純粋に関心を持っていることが伝われば、相手は心を開き、メッセージを受け入れやすくなります。**笑顔も〈目立つ力〉の強力なツールです。**絶えずニコニコするのではなく、笑顔を張り付けて本音を隠すのでもなく、「信頼感を与えて絆を強める」ような笑顔を心がけてください。

リーダーシップの専門家でニューヨーク・タイムズ紙のベストセラーに選ばれた『思った以上に伝えられる：欲しいものを手に入れるための新しいボディランゲージ（You Say More Than You Think : Use the New Body Language to Get What You Want）』（未邦訳）の著者ジャニーン・ドライバーによると、初対面の出会いのとき、最も影響力のある人は、握手をして名前を聞く前ではなく、その後に笑顔を見せるそうです。笑顔についての知識として覚えておいてほしいのは、誰かの笑顔を見ると、自動的に筋肉が反応して微笑みを返し、気分が高揚してポジティブな感情があふれ出すということ。このエネルギーを心から感じる瞬間を見計らって、表現するようにしましょう。

ボディランゲージの威力

ジャニーン・ドライバーは、世界中のクライアントにアドバイスした〈主導する力〉と〈目立つ力〉を引き出す5つの方法も教えてくれました。

①「自信たっぷりに見せたいときは、壁と天井の境目を意識する」

「自信に満ちた姿勢」とは肩を反《そ》らせて顔を上げること……だと思われがちですが、これは最良のポーズではありません。肩を反らせているのがそのうち苦しくなるので、キープするのが難しいのです。その代わりに、アイアンマンを思い浮かべてみましょう。アイアンマンには胸の中央に活力の源である装置がついています。あなたの胸にもこの装置があると思って、肩の力を抜き、胸を上に向かって広げましょう。「胸を壁と天井の境目に向ける」イメージです。

②「立ち上がる」

電話中に、相手に振り回される、または圧をかけられていると感じたら、座っている場合は立ち上がりましょう。あなたの決断力が強まります。物理的なプレッシャーも増すため、対面の会議でも役に立ちます。話し始めるときに、ホワイトボードに要点を書き出すなど、何か理由を見つけて立ち上がってメッセージを伝えましょう。すると足元がしっかりして、立場が確立した感覚が得られ、自分の力が強くなったように感じられます。また、相手はあなたを見上げることになるので、空気を変える効果もあります。

③「体を動かして、心を動かす」

不安を感じたときは、体を動かすと効果があります。会議の前に、建物の周りや廊下を歩いてみましょう。腕からつま先まで体を20秒間ねじるだけでも効果があります。20秒を過ぎると、動いたことでエンドルフィンが活性化され、神経が鎮まります。

④「両手を意識する」

人は緊張するとポケットに手を入れます。逆に、手のジェスチャーが多ければ多いほど、力強い人に見えます。手のひらを上に向けると、正直さと懐の深さと自信が伝わります。あごを手でつかむのは知性の表れです。では、存在感を示すには？　合掌するように両手の指を合わせて、教会の塔のような形を作ります。私の場合、このジェスチャーは、会議中に誰かが口をはさんだときに有効でした。「すみません、まだ最後まで言い終わってないのですが」と言う代わりに、テーブルを押して椅子の背にもたれ、指先を合わせます。再び邪魔が入ったら、何も言わずに後ろにもたれて、指先を合わせ、それでも3度目にテーブルの誰かが割り込んできたときには「割って入るのはやめてください」と言いましょう。

⑤「低い声で話す」

低い声は力強さを感じさせます。声が高くなるのは不安や疑念の表れです。自分の低い声を見つけるにはどうすればよいか？　それは朝起きて、最初のコーヒーを飲む前の声です。

③〈成果を出す力〉

――粘り強く物事に挑戦する――

◇ゴール設定をして達成（または超越）するために働くのが好きだ
◇挑まれるとさらにやる気が高まる――健康的な競争が好きだ
◇練習すれば完璧になると信じている
◇挫折に関係なく、継続したり耐え抜いたりする
◇常に自分の行動を査定して、とりわけ改善に活かそうとしている
◇頑固になり、いつ手放していいかわからないことがある
◇業績が自分の大きな部分を占めている

〈成果を出す力〉タイプの自信の持ち主は、目標志向型で、一貫性があり、粘り強い性格です。勝者のマインドセットを持っていて、最高の基準に沿って自分の限界を超えて挑戦することで価値を得るのが自然だと考えています。

常に前進することに意識を向けていて、ゴールが明確なときに成長し、目標達成のために多大な労力を注ぎ、努力が実ったときに喜びを感じます。成功への道しるべが明確で、客観的な指標をたどれるような、構造化された進路を好みます。評価が明確であるほど良いのは、あなたが基準に到達したことを認められて称賛されるのを好むからです。

あなたは挑戦を避けるタイプではありません。むしろ、試されることでさらにやる気が高まります。目標を達成するためのパフォーマンスの向上は、努力によって可能だと信じています。「練習すれば完璧になる」という信条に激しく同意するでしょう。

フィードバックに関しては、それがゴールに到達する可能性を高めたり、あなたの成果が証明できたりする場合には、喜んで受け入れます。〈成果を出す力〉タイプの自信の持ち主は、成功を追求する決意を、そこに到達するための献身も含めて、固く持ち続けます。自己啓発の映画を寄せ集めて現実にしたようなイメージです。

物事に打ち込む性格で意志が強く、行動力があり、物事を最後までやり遂げるあなたは、近道することは無責任であり、挫折は取り組むべき課題だと考えます。そのため、頼りがいがあり、たとえ挫折に直面しても突き進む忍耐力を持ち、「粘り強くやり抜く」タイプです。レジリエンス（忍耐力）があり、何度でも立ち直ります。落ち込むことはあっても、決して逃げません。

アスリートや復活を遂げる人の物語は、このタイプの自信によって支えられています。試合に負けても、敗北から学び、前進して決してあきらめません。むしろ、失望をさらに頑張るための燃料に変えることができます。

一番輝く瞬間＝難易度の高い目標があるとき

〈成果を出す力〉を〈一番の強み〉に持つ人は、競争力があり、賞や昇進や試合など、何かを目指して競争するときに、最も自信を持って臨みます。はっきりとした明確なゴールが視界に入ることで、やる気が出るからです。人を管理し、何をすべきかを指示してタスクやプロジェクトを完了させるときや、厳しい締め切りとプレッシャーを抱えて働くときに、自分の能力の高さを実感します。

私たちの定量的調査では、**〈成果を出す力〉を〈一番の強み〉に持つ人は、喪失や失望から快適に立ち直る能力において、高いスコアを出しました。**何かを達成するために逆境を乗り切れる、沈んでも回復できると信じているのです。

社会的属性＝技術職や専門職

このタイプは、評価や成績に影響を受けやすい学生と、明確な事実と指標がある技術職や専門職に多く見られます。私たちのデータから、以前働いた経験のある専業主婦にも多いこともわかりました。そういった女性の多くは、高い成果を上げてキャリアで軌道に乗っていた可能性があり、母親として、効率よく作業することに能力を活かしつつも、キャリアの中で慣れ親しんだ評価を求めてしまうのかもしれません。この対処法については、少し後に説明します。

マイナス面① 頑固で手放すのが苦手

〈成果を出す力〉を〈一番の強み〉に持つ人は、手放すのが苦手で、負けを認めたり、あきらめたり、失敗を認識したりはできない、と考えがちです。極端な場合は頑固で融通が利かず、自分にも他人にも役に立たない状況になっても手を引くことができません。私たちの定量的調査によると、〈成果を出す力〉タイプの女性は、損失からの回復力で高いスコアを獲得している一方で、失望や失敗を手放すことに関しては最もスコアが低くなりました。

↓ 対処法 代わりに良いことがあると考える

高い期待はモチベーションにもなりますが、最悪の敵になってしまっては元も子もありません。破局や失業といった失望を前にして、先の見通しを立てるのは難しいものです。挫折を手放すのに最も役立つ強みは〈楽観の力〉です。**うまくいかないことは、そうなる流れであり、先にもっ**

と良いことが待ち構えていると信じてみましょう。時間を作って、「しがみつくvs手放す」の長所と短所を書いたバランスシートを作成するのがお勧めです。そこから得られた知恵を、次のゴールへと前進するのに役立ててください。

マイナス面② 結果にこだわって完璧主義に陥りがち

〈成果を出す力〉の性質が、妥協のない厳しい態度として表れることがあります。自分にも他人にも最高のパフォーマンスを要求し、いらだってしまうのです。このタイプの人は、他人の感情を犠牲にして突っ走ったり、物事をやり遂げるときに別の方法があっても、それを逃したりする傾向があります。私たちの定量的調査から、〈成果を出す力〉タイプは、人を慰めるといった感情的なサポートに頼らない傾向があるとわかりました。

あなたは指標や成果の評価によって成長します。そのため、「他人と比べる」という悪循環に陥って、人と比較した自分の地位に固執し、期待を下回っていないか、外部の基準を満たしていないかを心配しがちです。これは、完璧主義者の危険性をはらんでいます。常に水準に達していると感じられず、目標に達しないことを恐れ、憤慨して疲れ果ててしまうのです。

↓ 対処法　人と一緒に楽しむ

人と交流するときに、共感力と理解力（両方とも〈与える力〉の特徴です）を使いましょう。**目標は、他の人も関わり、一緒に取り組むことで、達成できる確率が上がります。**また、時々は自分の計画を投げ出して、乱雑で台本がないことの美しさやユーモアを楽しむ必要があるかもしれません。回り道もまた美しいものだと受け入れましょう（例えば、パーティに30分遅刻したときのイライラを紛《まぎ》らわせるために！）。

目標はやる気を生みますが、目標はあなたの人格のすべてではありません。自分の価値や強みを上手に認識するのは、〈自分を支える力〉タイプの長所です。この強みを使って、定められた基準に照らし合わせるのではなく、健全に自分をいたわり、思いやってください。間違いから学び、教えられる瞬間を受け入れる。「努力すればできる」を「完璧主義にならない」に言い換えることも、時には必要です。

マイナス面③　「あいまい」と「主観」が苦手

具体的な指標がない、あいまいで主観的な状況は、苦手かもしれません。構造や測定可能なシステムを信じているため、たとえそのシステムが自分によって（または自分に合うように）設計されたものでなくても、組織的な偏見に悩み傷つく可能性があります。あなた自身は、コツコツと仕事をしていれば報われると思っていますが、実際はそうではありません。人生は不公平です――固有の偏見のある人から主観的に評価されるのは、あなたにとって辛いことかもしれません。

↓ 対処法　指標を確認する

状況を観察して、指標が「ない」のか「不公平」なのか「偏見を持って管理されている」のかをきちんと見定めましょう。それが最初のステップです――ありのままを見ることで、負担が自分だけにかかっているのではないと認識します。指標がない場合は、あなたがあきらめるべきなのか、構造や短期目標を設定するという能力を発揮すべきなのかを自問しましょう。指標が不公平なときは、〈主導する力〉を活かして主導権を握り、システムの変更を主張してもよいでしょう。変更が不可能な場合、〈自分を支える力〉と〈楽観の力〉を借りて、システムから立ち去る勇気を出しましょう。

〈成果を出す力〉を高める方法①　勝利のマインドセットのスイッチを入れる

〈成果を出す力〉タイプの特徴は、出来映えを重視することです。あらゆる競争の場からインスピレーションを得ることができます。アスリートは、勝利の瞬間や最高のパフォーマンスができたときを視覚化して、成功を形にする準備をします。山の頂上を思い浮かべる、達成感をイメージする、といった視覚的なスイッチは、モチベーションを発揮して、大きなプロジェクトの締め切りを守ったり、「やることリスト」をやり遂げたりする際に欠かせません。

〈成果を出す力〉を高める方法②　具体的な中途目標《マイルストーン》を作成する──ご褒美も用意する

高い山や大きな目標に向かうときには、タスクを小さな丘に分解しましょう。進みながらチェックを入れて、ひとつクリアするたびに自分にご褒美を与えてください。私の友人は、その日のタスクを付箋に書いて、パソコンに貼り付けています。そうすれば絶対に忘れませんし、タスクをひとつ終えるごとに付箋をはがしてくしゃくしゃにして捨てる、という満足感が得られ、一日の終わりには付箋のないデスクを後にするという目に見える達成感が得られます（環境への配慮を高めるために、デジタルリストを作成してもよいでしょう──用事やタスクを消去することで同様の満足感が得られます）。

目標が「団体戦」であるときは、責任を楽しく管理する工夫をしてみましょう。私が通っているジムでは、毎月20コマという達成目標があり、出席した後に、張り出されたポスターの自分の名前の横に金色の星のシールを貼ります。自分の頑張りを褒めてあげられますし、同じように達成した仲間とハイタッチをして、公の場での評価を共有することができます（追加特典として、毎月末にプレゼントがもらえます）。

〈成果を出す力〉を高める方法③　立ち直る力（レジリエンス／忍耐力）をつける

〈成果を出す力〉を〈一番の強み〉に持つ人が何よりも大切にしているのが、目標に向かって成長し前進することです。このタイプの人は、挫折しても、立ち直って進み続けます。なぜそれができるのか？　私がイメージするのはトランポリンです。ジャンプし続けるのは、毎回もっと高く跳べるチャンスがあるからです。

挑戦するたびに、強くなるための学びを得るのです。あきらめなければ成功のチャンスがあると信じています。間違いから学び、見通しを調整し、忍耐強くやり抜く力は、「学び続ける」というマインドセットでもあります。次回あきらめそうになったら、（試合の映像を見るなどして）失敗から得た教訓と、変えるべきところ、そして何よりも大切な、ゴールラインを視野に入れて前進し続けるためにできることを考えてみましょう。

④〈与える力〉
――献身的で他人に安心感を与える――

◇何の見返りもなく人を助けるのが好きだ

◇聞き上手だ。しょっちゅう誰かが私に愚痴を言いに来る
◇完璧なプレゼントを選ぶために、時間をかけてじっくり考えるのが楽しい
◇友人が病気のときは、一番乗りで駆けつけて助ける
◇「あなたはいい人すぎる」と言われる（何かしてあげても当然だと思われるほどに！）
◇人の成功を手伝うことで大きな満足感を得る
◇他人の幸福に対して責任を感じることが多い

〈与える力〉は、寛大な配慮と温かいサポートで他人に奉仕することで表現されます。共感力があり、勤勉で献身的。この強みを持つ人は、人に対して深い責任を感じます。誕生日を覚えておいて素敵なプレゼントを買うタイプです。人に頼られ、始めたことは必ず終わらせるという決意を常に持っています。

利他的でありながら実行力を併せ持つ稀有《けう》な人であり、人を助けたいと願うだけではなく、ケアが必要なときは友人や家族や同僚のために行動します。自分のノウハウや関心を、必要とする人に与えることを心から楽しみ、双方に利がある状況を目指し、競争よりもチームワークを選びます。

〈与える力〉タイプの人が最もエネルギーと能力を感じるのは、あなたの助けを必要としている人を助けようとするときです。あなたには「忠誠心」があります。人間関係に多大な労力を注ぎ、

強固なつながりを維持し、誰かが辛い思いをしているときには、すべてを投げ出してでも手を差し伸べます。他の人のライフストーリーを事細かに記憶することに注意を払っているので、「見守ってくれている、大切にされている」と人に感じさせるのが得意です。そして、いつでもアドバイスや助けや安心感を与える準備ができています。

親切を示し、他人の困りごとに耳を傾けるのが上手なことに加えて、素晴らしいことに、困りごとを解決する方法を見つける能力を備えています。必要なときに頼られることを誇りに感じ、目的意識を持って、手を貸そうとします。

頼りにされる性格は、感情的に関わる意志から生まれています。他人や大義があなたを必要としているという感覚を持ち、自分にできること（またはそれ以上のこと）をして助けるまでは休もうとしません。謙虚でもあるので、脇役であることに価値を見いだし、共同作業の大切さを理解しています。他の人にスポットライトを当てることに抵抗がありません。日々の課題に明確でぶれない解決策を与えるために、温かい心で謙虚に取り組みます。自分の才能を、他人の生活を確実に前向きに変化させるために使います。

一番輝く瞬間＝他人の内面に関わり、責任を持つとき

〈与える力〉を〈一番の強み〉に持つ人は、家族の病気に対処する、悲しんでいる人を慰める、

といった、人の内面に深く関わる状況が、最も得意です。責任重視の「できる」という姿勢を持ち、忍耐強く思慮深い態度で、締め切りを目指して効率よく作業をし、タスクを完了するのも得意です。

社会的属性＝サービス業や専業主婦

〈与える力〉は、女性に最も多く見られる〈一番の強み〉です。**私たちが調査した女性の半数が最も多く持っていたのが、この〈与える力〉の特性でした。**

この強みは、他人の成長や癒やしや進歩をサポートする専門職という形で現れることが多く、教育、医療、顧客サービス、販売などの職業で特に好まれます。こういった職業では、サービスを受ける側のニーズに同調し、実際に関わりながら人の成長を助け、困りごとに耳を傾けて、冷静に物事を見極めて、明確な解決策へと導くことが求められるため、日々の仕事を決して退屈と感じない人間性が必要とされます。

また、専業主婦が多いのもこのグループの特徴で、「してくれて当然」と受け取られていらだつことが多いかもしれません。とりわけ〈成果を出す力〉を〈一番の強み〉に併せ持つ人に、この傾向が見られます。

マイナス面① 全部引き受けてしまう

「私の親切を、弱さと勘違いしないでください」

このタイプの人は、マイナス面を追い払うために、そう唱えてみましょう。奉仕したいという願望が強いため、お世話好きな性格を利用されるリスクがあり、その結果、燃え尽きてしまったり、過労になったり、奉仕が足りないという罪悪感に見舞われたりします。

〈与える力〉タイプの矛盾点は、困った人のところへ駆けつけることはできても、自分を助けるのが得意ではないこと。私たちの定量的調査によると、〈与える力〉を〈一番の強み〉に持つ人は、助けを求めること（資金集めや頼みごとなど）を、最も不快に感じます。

「自分が足りていない」という不足思考の影響を最も受けやすく、自分の間違いを頻繁に認め（このタイプの2大特徴）、自分が足りないと感じる部分を埋めようと、さらに努力します。忠誠心が強いので、難しい状況から抜け出して波風を立てることを申し訳なく思います。献身的に打ち込むため、明らかに不可能なのに全部引き受けようとして黙って苦しむこともあります。

↓ 対処法 助けるなら制限付きで

与えましょう――ただし、あなた自身が空っぽにならない範囲で。境界線を決め、自分の優先順位を主張することが、あなたの人生の課題のひとつです。ベストセラー『GIVE&TAKE「与える人』こそ成功する時代』（三笠書房）の著者で大学教授のアダム・グラントは、生来の「与える人」気質について、「奪う人」との対比で紹介し、玄関マットのように人に踏みつけられないためのヒントを解説しています。

例えば、金曜日の午後4時50分に、誰かがプロジェクトを手伝ってほしいときに、あてにされる人にならないために、どうすればよいでしょう？「この人なら自分のことを放り出して手伝ってくれる」と期待されてしまわないためには？境界線と基準を設けましょう。次のような返事をするのです。

「手伝えますが、5時30分までに帰ります」

「私にはできそうにない内容ですが、別の解決策は○○です／△△さんならできます」

与えることが好きな人はあなたの他にもいることに気づきましょう。「与える&頼む」という相互のやりとりができれば、人間関係が深まりますし、玄関マットになりがちな〈与える力〉タイプの人が、人に頼むことを自分に許せるようになり、燃え尽きを予防できます。

マイナス面② 過小評価されていると感じる

人の意見に敏感なので、個人的に受け止めてしまいがちです。あなたは、自分の業績を過小評価しつつも、人を認めて評価するのが得意です。そして、見返りとして評価され尊敬されることを望みます。してあげたことを当然のように受け取られると、ひそかに熱意とやる気を失い、感謝しない人たちに憤慨するようになります。否定的な感情を内側にため込み、いつしかフラストレーションが爆発するかもしれません。

職場では、上司があなたの貢献に気づいて昇進させてくれることを過度に期待し、見逃されているにもかかわらず、辛抱強く待ち続けることもあります（このタイプの人は、昇進してからも、結束して生産性を上げるチームの構築に最も適しています）。

私たちの調査では、〈与える力〉を〈一番の強み〉に持つ女性は、自己主張（昇給や昇進を求める、手柄を取る）とスポットライトを浴びる（人前で話す、ストーリーを語る）能力と快適さにおいて、最も低いスコアをつけました。

↓ 対処法　記録し、主張する

誰かが認めてくれるのを待つのではなく、〈主導する力〉〈目立つ力〉〈創造する力〉〈自分を支える力〉の要素を取り入れましょう。〈主導する力〉〈目立つ力〉〈創造する力〉を使うことで、自分の成果を公表したり、望みやニーズを積極的に主張したり、業務の責任を果たした承認を要求したりすることを、心地よく感じられるようになります。また、〈自分を支える力〉を使って、自分が人の役に立った記録を残しておきましょう。そのリストを、自分の価値に疑問を感じたときにふり返って支えにしてください。

マイナス面③　お節介だと思われる

〈与える力〉が強すぎると、過度に押し付けがましくなるリスクがあります。〈与える力〉を〈一番の強み〉に持つ人は、首を突っ込みたがり、助けたがるのですが、それにより、状況をさらに悪化させることもあります。

↓　対処法　求められてから助ける

介入が歓迎されない、または必要がないタイミングを察知しましょう。〈与える力〉タイプの人は非常に直感的なので、共感していることを伝えて相手の話に寄り添い、助けを求めているのかを確認してください。あなたを頼ってきた人は、単に愚痴を吐き出したいのでしょうか？　それとも本当に助けを求めているのでしょうか？　**質問をすることで〈問題解決に飛びつくのではなく〉相手からの指示を待つスペースを作りましょう。**そうすれば、相手はあなたがお節介だと感じずにすみます。

〈与える力〉を高める方法①　共感力を高める

簡単な方法は、シンプルな行いで共感と親切を示すことです。

私が通うジムの受付係のアーロンを例に挙げさせてください。私は毎日午前7時からエクササイズをしていますが、寝ぼけ眼《まなこ》でジムに到着することがほとんどです。荒天だったある日の朝、バスに乗り遅れ、傘がないのに暴風雨に見舞われ、ジムまでのエレベーターが止まって階段を使うはめになり、フィットネスのクラスに10分遅刻しました。

ジムに到着するとすぐに、アーロンが笑顔で「おはようございます。よく来てくださいましたね、リサ」とあいさつしてくれたので、朝の事情を説明すると、アーロンは共感を示して眉をひそめました。そしてこう言って、にこやかに私をエスコートしてくれたのです。

「それは大変でしたね。バッグをお預かりします。タオルをお持ちしますので、クラスまでご案内しましょう。汗を流すのに遅すぎることはありませんよ」

わずか1分で、アーロンは私の感情を、イライラと怒りのスパイラルから感謝と幸福へと変えてくれました。これが〈与える力〉のパワーです——私たちは誰かのことを、シンプルな言動で気分を良くさせて、その人の状況を好転させることができるのです。

〈与える力〉を高める方法② 「私は何をお手伝いすればよいですか?」と尋ねる

「本当のところ、元気なの?」と尋ねて、話を聞きましょう。じっくりと耳を傾けてください。必要に応じて、手を差し伸べましょう。このシンプルな質問が〈与える力〉の意思表示となり、誰かの役に立つチャンスを作ります。

ロンドン・ビジネススクール教授のダン・ケーブルは、食品配達会社のマネージャーが顧客サービスの従業員に「優れたサービスを提供するために、私は何をお手伝いすればよいですか？」と質問するようにトレーニングを受けたことについて説明しています。〈与える力〉のマインドセットによって、新製品や在庫不足の報告など、マネージャーが従業員に提供できるさまざまな解決策が生まれました。マネージャーは（細かい点を指摘する評価者ではなく）協力的な「与える人」と見なされ、より良い顧客サービスにつながる風通しの良さとアイデアの好循環が始まったのです。(6)

〈与える力〉を高める方法③　あなたの弱い面を見せる

〈与える力〉を活用するためには、心を通わせることが大切です。個人としてつながり、他者との距離を縮めることが求められます。バジェット・カー・レンタルの元社長トム・ガートランドは著書『心で導く（Lead with Heart）』（未邦訳）で、ビジネスは「親身な関わり——非常に私的」になり得るという気づきを得て、より「オープンでつながりの強い」企業風土を創造するために、自ら行動を始めたと述べています。彼は絆を深める努力をし、結果を生み出す献身的な従業員の基盤を作りました。

感情でつながるためには、信頼を構築し共感力を伝える方法として、まずは自分の体験談を話すことが大切です。自分が心を開くことで、目的（私が与える理由）と価値観（私のこだわり）、受容（あなたを尊敬し、評価し、気にかけている）と類似点（私にもあなたと同じ経験があったので、乗り越える手助けがしたい）を共有できます。〈与える力〉を〈一番の強み〉に持つ人は、人間関係を尊重し、深いつながりの扉を最初に開ける人になりがちです。

⑤〈頭脳の力〉

―合理的にかつ冷静に物事を掘り下げる―

◇決断をしたり意見を準備したりする前に情報を集めて分析するのが好きだ
◇「知識は力である」が私の人生のモットーだ
◇自分は論理的で合理的な人間だと思う
◇「やることリスト」を上手に作成するのが楽しい。ほぼあらゆる場面でスプレッドシートを作成できる
◇すべての情報が手元にないと、意思決定をするのが不安だ
◇新しいことを学ぶのが楽しい
◇とても好奇心が強い人間だ

〈頭脳の力〉タイプの人は、知識によって支えられています。裁判初日の弁護士のように、資料をそろえて準備をし、専門知識からパワーを得ます。常にきちんとしていて決して油断せず、寡黙で誠実な熟練者といった雰囲気で、合理的かつ論理的な人生観を持っています。家電を箱から取り出す前に説明書の全ページに目を通す（トラブルのたびに調べるのではなく）のが好きなのは、入念に整理した情報を系統立てて実行したいからです。

分析的かつ客観的で、事実に重点を置いた知識の宝庫のような存在です。遭遇したものすべてを分析し、パターンや関連性を特定し、興味のあるトピックについてあらゆる事柄を可能な限り深く学びます。真実の探求者であり、物事の表面を深く掘り下げるまでは、高度な概念を受け入れがたく感じます。ひとつの問題を幅広く調査し考察するあなたは、決定を下す前に問題を多角的に見るのが得意であり、作業の手順について確固たる意見を持っています。

データや情報を上手に使って状況を細かく把握し、問題を解決することができます。明確なプロセスを経て真剣にプロジェクトに取り組むことができ、アイデアを実践に乗せることができる実行の達人です。責任感があり、地に足がついていて実践的で、困難に直面しても冷静さを保ち、合理的な意思決定ができます。生産性が極めて高く、混とんとした状態から秩序を作り出すことが得意です。

構造とガイドラインがあり、関与する全員が経過と理由を正しく把握していれば、物事をやり遂げられると信じています。誠実で率直な、信頼できる人であり、感情操作をほとんど差しはさまずに状況を現実的に管理します。自分が言ったことに責任を持ち、やると決意したことは、確実にやり遂げます。

一番輝く瞬間＝データを用いて、プレッシャーを乗り越えるとき

優れた知的好奇心があり、注目に値する重要なコメントや思考ができます。〈頭脳の力〉を〈一番の強み〉に持つ女性が最も快適なのは、事実関係を扱うときです。**データを用いて回答を支持することが抜群に得意です。これは、プロジェクト管理とスケジュールを推進する上で何よりも大切な資質です。**

合理的かつ倫理的なやり方で工程を進めることに強い自信を感じます。悪い状況でも冷静さを保ち、厳しい締め切りやプレッシャーのもとで作業し、タスクやプロジェクトを完了します。

社会的属性＝法律家や研究者、経済関連の職業

私たちが調査した女性のなかで2番目に多いのがこの〈頭脳の力〉でした。このタイプの人は、一貫性と客観性と知識の深さを重視する組織に適しています。〈頭脳の力〉を〈一番の強み〉に

持つ女性の多くが、法律や技術、学術、経済、コンサルティングの分野で活躍しています。いずれも、信頼性と工程の明確さ、明晰な頭脳が高く評価される職業です。

マイナス面① EQ（心の知能指数）が低い

目に見えるものを信じ、事実に基づいて判断するので、感情にはあまり敏感ではありません。感情（自分の感情も含めて）が行動を動かすような非論理的なケースに戸惑いを感じがち。求められた工程を終えられない他人を批判し、事実関係の議論の「勝ち」にこだわり、たとえ善意からの言動であっても、「厳しい」「同情心に欠ける」と見られることがあります。人を慰めることが最も苦手なタイプです。

↓ 対処法 他人の立場を想像しながら伝える

〈頭脳の力〉タイプの人は、〈与える力〉を使って、人間関係を重視するというマインドを事実関係に基づいた世界に取り込むと、大いに役立ちます。「部屋で一番賢い人」が事態の進展に役に立たない場面もあるのです。

私がこれを学んだのは、コンサルティング業界でのキャリアの初期、公立学区の人事責任者と仕事をしたときでした。ミーティングの半ばまで行かないうちに、私はクライアントが青ざめていることに気づきました。データは圧倒的であり、予算削減が必要であるのは明らかでしたが、私は、先を続ける同意を得られませんでした。

ミーティングの後に上司からもらったフィードバックは、「人間関係を築いて維持することが、知的な作業と同等に大切」とありました。私は、自分の立ち位置に気づくことがカギだと学びました。場の空気を読み間違えていたのです。答えが与える感情的なインパクトを巧みに操るよりも、正しくあることに重きを置いていたのです。

共感力を高めるには、他人の立場に自分を置いてみる習慣を持つことです。**他の人の視点を持つことで、困難な状況であれ、違う意見であれ、それまで見えなかった物語の一面が見えてきます**。その気づきが、あなたの先入観を変えるかもしれません。人とつながり、経験を積むことで、懐が深い、寛大な人になれます。事実やデータと同様に、人にも好奇心を持ってください。

同様に、人と上手につながるために、事実の伝え方を工夫するのもひとつの方法です。第1章のスーザンを覚えていますか？

彼女は、経営陣の会議で、誰も数字に関心を持たないと思ったために、財務レビューを急いで進めてしまいました。彼女には、〈主導する力〉と〈目立つ力〉を味方につけて、数字に命を吹き込むようにアドバイスしました。際立たせたいポイントを強調しながら説明し、いかに数字が各チームに影響を与えたかを伝え、いくつかの選択肢を準備して、相手に選ばせるようにしたのです。この方法が功を奏して、彼女は最高財務責任者に昇進し、持ち前の実務知識にさらなる強みと影響力が与えられました。

マイナス面②　考えすぎて膠着《こうちゃく》する

「分析まひ」という言葉をご存じですか？　考えすぎて行動に移せなかったり、決断を下せなかったりすることです。分析まひになると、ささいなことを決めるのに考えすぎてしまい、無力感にさいなまれ、自分を「専門家」だと宣言するのが辛くなります。

〈頭脳の力〉を〈一番の強み〉に持つ女性は、私たちの定量的調査から、「あるテーマについて専門家でなければならない」という点で満足している割合が非常に低いことがわかりました。あいまいなことにうろたえ、自然発生的なことや規則なしの業務に苦労します（最も自信がない分野は、芸術作品を創作したり物語を執筆したり、聴衆の前で話を語ったりすることです）。明確な手順ときちんと定義された責任のもとで成長する人なので、プロセス外のチャンスを逃したり、新しい概念に反対の声を上げたり、物事がごちゃついているときにイライラを感じたりするかもしれません。

↓　対処法　自信を持って直観にも頼る

ご自身の専門知識に誇りを持ってください。自分を信頼しましょう。事実を重んじるのと同じぐらい、自信を持って専門知識を扱いましょう。確固たる自信を持つ〈主導する力〉と〈自分を支える力〉を取り入れると、自分に疑念を持たず、考えすぎず、再考せずにすみます。

あいまいなことの対処については、マイナス面が最小限の場合に**「ルールを曲げて新しいことを試すことに価値があるか?」と考えてみるのが、最初の一歩です**。ちなみに〈創造する力〉を〈一番の強み〉に持つ人はこれが得意です。得られる情報が完全ではないときでも、自分の勘と経験を信じて、思い切って行動してみましょう。

マイナス面③　頑張りすぎて、過小評価される

プロジェクトを確実に最後までやり遂げられるのは自分だけだと感じ、途中に発生する業務を引き受けて、助けを拒否したり、常に頑張り続けることを期待されて疲れ果てたり落胆したりするかもしれません。事実を重視するので、あなたの働きを他人が認めることを期待しつつも、必ずしも手柄に対する見返りを望みません。

その結果、実質的な貢献が見逃されることにいらだちを感じながらも、昇給や昇進の要求や何らかの頼みごとをすることに抵抗を感じます。組織や構造を重んじるため、組織的な偏見に誰よりも傷つきやすく、あなたを認めて評価するように構築されていないシステム内では苦労するかもしれません。

↓ 対処法　成果をリスト化する

プロセスの負担を心おきなく共有して、タスクを公平かつ効率的に他の人に任せましょう。自分の成果を記録して文書化しておくと、自己主張がしやすくなります。作家でジャーナリストのミカ・ブルゼジンスキーは、こう話しています。

「自分が行うすべてのこと、それぞれにかかる時間、会社にもたらす価値について、リスト化してください。他の会社の同等の立場の人の業績の対価を調査しましょう。あなたは何ドル分の価値をテーブルに運んでいますか？　多すぎるとしたら、その理由は？」(7)

また彼女は、このリストを昇進に関する会話のベースに使うことを勧めています。組織があなたを認めているかを必ず確認し、組織があなたの労力を評価しない場合は、冷静に先に進んで履歴書を更新してもよいでしょう。

〈頭脳の力〉を高める方法①　深く掘り下げる

〈頭脳の力〉タイプの特徴は、知性の尊重と構造化された思考です。まずは、好奇心のレンズで物事を見てみましょう。ひとつのテーマを完全に理解して掘り下げたいという欲求を持ち、辛抱強く集中しましょう。何か、ずっと探求したかったことはありませんか？　この機会に、選んだ課題についてオンライン検索を使って真剣に調べたりするか、専門家のレッスンを受講したりしてみましょう。

〈頭脳の力〉を高める方法②　合理的な判断で優先順位をつける

私は個人的には、整理してスケジュールを守ることは苦手な分野です。だからタイムラインを順守できるチームスタッフに囲まれていますし、毎日感心させられています。ひとつ例を挙げると、私の会社の生産チームは毎朝私のところに来て、15分間で、やるべきことのリストと共に、製造スケジュールの最新情報を報告してくれます。

私よりもアイゼンハワー元大統領のエピソードのほうが説得力がありますので、ご紹介します。彼はアメリカ陸軍大将だったときに、優先順位づけのツールを開発し、多くの重要な意思決定に役立てました。後にこれは「アイゼンハワーマトリクス」と名付けられ、『7つの習慣』（キングベアー出版）の著者スティーブン・R・コヴィーによって広められました。

タスクを4つの領域に分けて、緊急とそうではないもの、重要とそうではないものにラベルを付けることを、会社のチーム全体の時間配分に役立てています。私は日々、**どのタスクが定められた時間枠で最も価値を生み出すかを客観的に評価する**訓練を強いられています。〈頭脳の力〉は私の生来の才能ではないので、性格や物事の進め方にこれが根付いている人に囲まれていることをありがたく思っています。

〈頭脳の力〉を高める方法③　理由を持って意思決定をする

〈頭脳の力〉は、バランスを調整して計算した上で飛躍するときに、大きな力になります。何かの決断をする前に、なぜそれが良い（または悪い）決断なのかをじっくり考えて、理由を3つ挙げてください。

どんなデータや追加の分析が、あなたが進む方向性の論拠になりますか？　先に進む前に、専門家に相談したり、情報源を当たるべきでは？　〈頭脳の力〉は、実際の情報を使ってメリットとデメリットの裏を取るのに役立ちます。重要な決断を下すときに、支えと安心感が得られるのです。

⑥〈創造する力〉
――革新的なアイデアを実現する――

◇新しいアイデアを思いつくのがとても得意だ
◇将来はどうなるだろうと、しょっちゅう考える

◇創造的な活動を楽しめる
◇「初めてのこと」にワクワクする——これまでしたことのないことを経験したり実行したりするのが好き
◇実際に目で見る前から、物事を信じる
◇現実的ではない、または夢想家と言われる
◇非常に想像力が豊かだ

〈創造する力〉を〈一番の強み〉に持つ人は、アイデアが未来を形作ると固く信じています。独創的で先見の明があり、誰よりも大胆な夢想家であり、開拓者の精神を持って革新と進化を推し進めます。「いつか見えると信じる人」（「目に見えるものしか信じない人」ではなく）であり、他の人には見えない可能性を描くことができます。

鮮やかな想像力とオープンな心が、世界のワクワクする可能性を追求する力になります。アイデアに夢中になるときには、情熱を持って全力で尽くします。とことん独創的なので、周囲の人に新しい物の見方を考えさせるお手伝いができます。

現状や常識に挑戦することに抵抗がなく、アイデアを形にできたときに最も幸せを感じます。アイデアは、機能したときにしか価値を生みません。**想像力豊かな好奇心と野心ある決断力を組み合わせることで、ゼロから何かを生み出すことができます。**このタイプの人は、グリット（やりぬく力）と臨機応変さと打ち込む力を備えています。未来を見ることができ、そこに向かうために画期的な取り組みを構想して立ち上げることができます。

作家は、カーソルが点滅する空白の画面を見て、これから何が起こるのかが楽しみで仕方がありません。起業家やデザイナーは、目覚ましい革新を担っています。アーティストは思考や感情を美しい作品に置き換えます。アイデアを育むにあたって、規則違反や承認されないリスクを恐れません。むしろそれを楽しみますし、仕事が簡単すぎたり楽すぎたりすると、満足できません。

創造の本質は反復です。批判されることに抵抗がないのは、それも創造のプロセスだからです。革新には変化を受け入れることが必要です。失望や失敗を恐れず、その両方から冷静に立ち直ります（なぜなら、過去を生きていないから。未来の住人なのです！）。

こういったことすべてが、あなたのアイデアが現実になる可能性を高めます。多くのスタートアップ企業が、成功に向かう途中に方向転換を余儀なくされたことを誇らしげに語っています。リスクや実験に対して高い耐性を持っているのは、自分の行動がより良い未来を形作ると心から信じているからです。自分を裏方のプレイヤーだと勘違いしないでください。あなたは、苦労して得た創造力を認めてもらいたいと切望していて、あなたが達成した「初めて」を見てもらいたいのです。

一番輝く瞬間＝新しいものを生み出しているとき

革新的な精神を持ち、インターネットを必要としないタスクに最も自信を感じる人は、アイデアを思いついたり、物語を書いたり、芸術作品を創作したり、聴衆の前で物語を語ったりすることに物おじしません。あるテーマについて専門家であることに慣れているのは、未来の再構想は多くの場合、高度な専門知識や洞察から得られるからです。未来に奉仕するために、たやすく過去を手放すことができます。〈創造する力〉を〈一番の強み〉に持つ人は、失望や失敗を手放すことに高得点を出します。

社会的属性＝起業家や芸術家、マーケター

ビジネスオーナー（〈主導する力〉に次いで2番目に多い）、アーティスト、ライター、マーケティング担当者は、〈創造する力〉に高いスコアを出しました。構造を重視する伝統的な分野（コンサルティング、政府／公共サービス、法律、ヘルスケア、学術研究）に従事する可能性は低くなります。〈創造する力〉を〈一番の強み〉に持つ人に多いのは、まったく別の未来をイメージし、ゼロから何かを生み出すことをじかにしてきた「初めて」の経験者です。

この強さの持ち主は、人生の先が長く、未来が可能性に満ちている若年層（25歳－35歳）に偏っています。**年齢と共にこの力を失いがちなのは、人生に求められることが増え、可能性の感覚が**

押しつぶされるからです。若い頃は未来が描けても、人生に疲弊させられてしまうのです。

しかし、私たちの定量的調査によると、この力を取り戻すことは可能です。**〈創造する力〉は、55歳を超えた後に再び現れるのです。**私が思うに、人生を立て直す必要があるのと、何を遺すかを見据えるようになるからではないでしょうか（それに加えて、55歳を過ぎると、時間や才能や財産などのリソースが多く、ビジョンを形にしやすいのでしょう）。

でも、実現するのに年齢は関係ありません。私たちの社会は、若い起業家を称賛する傾向にあります（「世界を変える30歳未満の30人」など）。人生の先が長いので、恐れずにリスクを取るからです。しかし、最も急成長するベンチャー企業の創業者の平均年齢は45歳であり、35歳を超えてから起業した人は、成功する確率が上がることが、研究からわかっています。(8)

マイナス面① 現実と向き合うのが苦手

ルールや厳格な組織や伝統は、〈創造する力〉に必要な自由の敵です。私たちの定量的調査によると、〈創造する力〉タイプの人は、厳しい締め切りや、繰り返しの退屈なタスクの完了、責任を確実に果たすことに最も抵抗を感じます。型にはまった手順や「これがいつものやり方だから」という感覚は、あなたの創造力を抑え込みます。なぜならあなたは、常に斬新な車輪を発明したり、物事に取り組む新しい方法を探したりしているからです。

↓ 対処法　一歩ずつ進む

〈創造する力〉は私の〈一番の強み〉のひとつですので、マイナスを克服するために私が行っていることをお伝えさせてください。**ひとつには「ビジョンが現実になるのは、そこを目指して数々のタスクに取り組んだときだけ」と自分に言い聞かせることです。**

わが社の制作マネージャーのケリーは、自分のデスクに「完成するまでは、常に不可能に思える」と書かれたホイットニー美術館のカードを置いています。ケリーがカードを購入したのは、わが社がＨＳＮ（ショッピングチャンネル）と百貨店で同時にブランドを立ち上げると決めたときでした――小さな会社にとって、ほぼ不可能な仕事です。ケリーは会社のチームにこう言いました。

「リサは『大声で口に出すと必ず実現する』と言います。なぜでしょう？　それは、私たちがリサに、やらなければならないつまらないことすべてをリマインドして、一緒にやり遂げさせるからです」

タスクをやり遂げるのに馬力を出す必要があるとき、私はまず未来を思い浮かべて、そこからやる気をもらいます。そして、チームスタッフ（〈成果を出す力〉と〈頭脳の力〉を〈一番の強み〉に持つ）と共に、具体的で論理的な道筋を展開し、到達するたびにお祝いできる中途目標も示します。チームの経験と忍耐力を集めて、タスクを完了させ、私のビジョンを実現させるのです。

マイナス面② 周囲に理解されず孤独を感じる

現実が邪魔をするように感じたり、現在地点があなたのビジョンから遠すぎるときに、焦ってイライラすることがあります。あなたは未来を生きていて、物事が今よりも必ず良くなるというイメージを持っています。つまり現在に不満があるのです。周囲の人が、あなたの高尚なゴールに追いつこうと躍起になると、事態はさらに悪くなります。人はあなたのことを、非合理な意見を持ち、独立心が強い非現実的な夢想家と見なすかもしれません。あなたが見る未来像が見えない人と一緒にいると、孤立感が生じる可能性があります。

↓ 対処法 時間をかけて共有する

私は〈主導する力〉と〈目立つ力〉という〈一番の強み〉を活かして、チームスタッフに、高尚な目的地ではなく、具体的で明確な使命を伝えるようにしています。時間をかけて、しっかりとビジョンの全体を説明し、具体化する方法を見つけることが重要です。とりわけ「目に見えるものを信じる」タイプの人にはこれを丁寧に行いましょう。

一歩下がって、人々を旅の仲間にするために時間を投資してください。**あなたに見えているものが、他の人には具体的に感じられずによく見えないことがあります。**時にはスローダウンして今を楽しむのもいいものです。

〈創造する力〉を高める方法①　自分に余白を与える

〈創造する力〉の最も大切な要素は「自由」、つまり創造するための余白です。プレッシャーや日々の現実から解放されていることが不可欠です。これまでの研究から、人間は応答モードにあるとき、脳波の振れ幅が短くなることがわかっています。メールの返信や、単調なタスクの反復、ストレスを感じるときなどがそうです。創造的な思考を最大限に発揮するには、遅い周波数の大きな振れ幅の脳波が必要なのです。

神経科学的に説明しましょう。朝起きると、脳はデルタ波（深い眠り）からシータ波（白昼夢の状態）に切り替わり、その後アルファ波（目覚めてリラックスした状態）へと移行します。ところが、すぐにスマートフォンを開いてメールの返信を始めると、シータ波の状態を飛ばしてアルファ波の状態（覚醒）とベータ波の状態（警戒）に直行してしまいます。『サイエンティフィック・アメリカン』誌の報告によると、「シータ波の状態でのアイデアの発想は、多くの場合、検閲や罪悪感をはさむことなく、完全に自由に流れている」ので、自分の望みや、ビジョンを叶えるのに必要な行動を視覚化する絶好のチャンスなのです。(9)

私は自分の会社を設立したときに、アイデアを出そうと無理をしたわけではありません。自分に、夢を描いて想像する余白を与えたのです。スティーブ・ジョブズがスタンフォード大学の卒業式でのスピーチで語った、人生の点と点をつなげるという哲学を知ってから、私は一枚のナプキンに自分の人生の「点」を書き留め、それを何か月も温め続けました。じっくりとふり返る許可を自分に与えて、自分の人生の出来事や経験をどうつなげれば、女性の困りごとに真の解決策を生み出すことができるかを考えました。その結果、人生の旅路を経済市場に当てはめることができたのです。

私は今でも毎週、この時間を設けています。毎週日曜日に、携帯電話の電源を切って、美術館にひとりで行くのです。その2時間は、やるべきことのリストや悩みについて一切考えません。そして最後に、自分にインスピレーションを与えたプライスレスな芸術作品をひとつ選んで、心のポケットに入れ、家に持ち帰ります。

私の心の中には、何年もかけて収集した数々の名作のギャラリーがあります。感覚が解き放たれた、そういった瞬間に、わが社で最高に革新的な商品を思いつくのです（私のお気に入りは、トイレで使いやすいジャンプスーツです）。

〈創造する力〉を高める方法② 「ニーズ探し」をする

人生に余白を作って、マインドセットの準備ができたら、私が**「ニーズ探し」**と名付けたエクササイズに取りかかってみましょう。ニーズを見つけて、そこを創作したり改善したりするイメージを持つのです。

私たちのチームは、新しいコレクションのデザインを始める前に、顧客である女性たちの頭や心や人生の中に入ってみて、彼女たちのニーズや弱いポイントを想像したり考えたりします。そして、その人の知り合いが代わりに解決できるかどうかを綿密に検討します。できないとなれば、そこがわが社が取り組む「ニーズ」であり、チャンスです（トイレを使うときに全部脱がなくてもいいジャンプスーツのように）！　私はデザインチームにこう問いかけます。

「もしもわが社が彼女の人生に雇ってもらうとしたら、職業名は何でしょう？　他の候補者よりも、何が優れていることが必要ですか？」

これは「破壊的イノベーション」の理論を確立させたことで有名な経営コンサルタントで経営学者のクレイトン・クリステンセンから拝借した言葉です。彼はこう語っています。

「商品を購入するとき、私たちは基本的にそれを『雇って』仕事をさせています。上手に仕事をしてくれたら、今後同じ業務が必要なときに同じ商品を雇うというわけです」(10)

私は、飽和状態のマーケットは存在しないと固く信じています――人よりも先に満たされないニーズを見つける才覚さえあれば、そして、ニーズを満たす優れた商品を創作できれば、チャンスをものにすることができるのです。

〈創造する力〉を高める方法③　メッセンジャーになる

アイデアの背後にある「あなたの情熱」を相手に伝えましょう。偶然エレベーターに乗り合わせた人にアピールするときや、作品の着想について語るときのあなたは、自分のアイデアの応援団長です。どのような問題に取り組み、なぜ人はそこを気にかけるべきなのかを説明し、解決策を提案したり、行動を起こしたりしましょう。

〈創造する力〉の持ち主は、特定のテーマの専門家として振る舞うことに抵抗がなく、聴衆の前で語るのが得意です。自分のアイデアを強く信じているので、擁護できますし、実行に向けて自己（とアイデアの実現に必要なものを）主張できます。

〈創造する力〉を高める方法④　繰り返し改良する

アイデアを前面に出して、返ってくる反応に心を開き、ビジョンが形になるまで改良を続けましょう。その過程で、あなたの成功に投資したいと思ってくれる人の支援の輪を築くことができます。誰かがフィードバックをくれたら、その人と関わるチャンスです。なぜなら、気にかけてくれる人しか意見を言ってくれないからです。

私は会社を立ち上げる半年前に、家に知り合いを200人招き（一晩に5～10人ずつを1か月間)、私の起業についてフィードバックしてもらい、いただいた意見を繰り返し検討しました。おもしろかったのは、会社のキャッチフレーズの最初の案「記憶に残らんことを」について、大学の同級生が「安らかに眠れ」みたいだからと、「あなたの大切な瞬間をつかめ」を提案し、これが会社のキャッチフレーズになったこと。改善されるだけではなく、設立のプロセスにみんなの足跡を刻んでもらうことで、私の会社に愛着を持ってもらうことができました。

画家のアンリ・マティスは、同じ芸術作品を何度も塗り重ねて細部を抽象化し、余計なものを取り除いて真実を抽出することで知られています。赤く塗りつぶされた有名な作品「赤いアトリエ(The Red Studio)」には、赤色の絵の具の下に鮮やかな色彩で細部が描かれていたことが、修復家たちによって明らかになりました。

マティスは何か月にもわたって作品を塗り直し、パトロンたちにそのことを手紙で報告しました。多くの範囲を朱色で塗りつぶして、人間の持つ幻想とスペースの概念に問いを投げかけたことで、これがモダンアートの歴史にとって画期的な、独創的な作品となったのです。

⑦〈楽観の力〉

―共感力があり、肯定感が高い―

◇グループ内では心を落ち着かせる存在だ

◇たとえ最も困難な時期であっても、きっと良いことが起こり、状況が良くなると期待する
◇すべての出来事には理由があると信じている。起きなかった場合は、そうなるべきではなかったのだ
◇たとえ困難な時期であっても、未来に大きな希望を抱いている
◇挫折に直面したときには、宇宙や自分より偉大な何かに身をゆだねる
◇感謝を心がけている（自分にコントロールできないことを心配するのではなくて）
◇普段から、あらゆる状況や他人の一番良い部分を見るようにしている

〈楽観の力〉タイプの自信は、希望から生まれます。それは、〈未来は明るい〉と信じること。この強みを持つ人は、この世は得られる限りの最高の世界であり、最終的には善が勝利すると信じています。信じることが、恐れずに自由な人生を送るための活力です。このタイプの人は、あらゆる人と状況を、肯定的なレンズを通して眺めます。**どんなことにも良い点を見いだし、世の中を良くする潜在能力を自分に感じています。**

価値観と理想とより大きな目的意識が、やる気の支えになり、本当に大切なことを決して見失いません。道徳観念を持ち、賢く直感的で、たとえ手ごわく複雑であっても、最良の結果に焦点を当て、人と世界をより良くするような、意義深く目的に満ちた道を模索します。

解決策に向かうときには共感力を頼りにします。批判的ではありません。寛容で受け入れる心

を持ち、あら探しをするのではなく、常に人の話に進んで耳を傾けます。その結果、恨みを抱くことがめったになく、人を犠牲にして成功することを喜びません。人生に起きた良いことを分かち合い、必要に応じて称賛し、周囲の人の気持ちを明るくすることを求められていると感じます。たとえ最も厳しい時期であっても、冷静かつ前向きでいることができます。このタイプの人が、次のような言葉を口にするのは珍しいことではありません。

「大丈夫、私たちには乗り越えられる」

「そうならない運命だった」

「人生には大きな目的が常に用意されている」

最終的にすべてがうまくいくという信念があり、結果を強制するのではなく、それぞれの時間軸に沿って物事を見つめます。持ち前の楽観主義と目的意識によって、失望から立ち直り、コントロールできないと見なしたモノについては、手放します。人生を一貫して感謝の気持ちで見つめ、次の目標地点に向かうときは、谷ではなく頂点を思い出すことを活力にします。

一番輝く瞬間＝悪い状況を明るくする

〈楽観の力〉タイプの人は、悪い状況で平静を保ったり、悪い知らせを誰かに伝えたりすることを最も得意とします。安心と楽観主義を伝える能力があるからです。心が広く、素直に受け入れる性格で、新しい人と知り合うのがとても得意です。頼みごとをするのを躊躇しないのは、大きな目的意識があるからです。失望や失敗を手放す能力に長けています。

社会的属性＝挫折を乗り越えた経験のある人

〈楽観の力〉タイプの人は、あらゆる年齢や社会的属性や業界に広く分布しています。顕著なのは、この強みを持つ人の多くが、何らかの喪失や失業を経験したり、（自身または愛する人の）依存症の苦しみを知っていることです。挫折やそれを乗り越える経験が、もっと良い未来が先にあるという信念を支えているのでしょう。

マイナス面① 非現実的すぎると思われる

「世界をバラ色のレンズを通して見る者は、赤信号を見逃すことがある」

楽観主義と理想主義は美しい特性ですが、時に、現実を見えにくくしてしまいます。非現実的な性分のせいで、常に前向きな気持ちに浸るよりも困難を認めてほしいと願う周囲の人をいらだたせるかもしれません。逆に、このマインドセットの持ち主は、人に自分の善意を認めてもらえずに傷つくことがあります。

↓ 対処法　悲観的な人の気持ちを理解する

生来の楽観主義を調整するために、状況に前向きな見方をするより先に、持ち前の思いやりや共感力を使って、苦難を認めるように意識しましょう。心理学者のブレネー・ブラウンは著書『心の世界地図（Atlas of the Heart）』（未邦訳）にこう記しています。

「痛みや苦しみを免《まぬか》れる人はいません。思いやりの原動力は、誰もが皆、力を持った人間であり、奮闘していることを理解し受け入れることです。思いやりとは、『より良くする』『私が治してあげる』ではなく、人間性を共有することの美しさと痛みを基盤にした実践なのです」

その人の立場に身を置いてみたり、状況の負の部分を感じてみたりすれば、あなたの努力がいっそう意義深く影響を与えるものとなるでしょう。

マイナス面②　消極的すぎる

現実を直視して行動を起こすよりも、物事の展開を観察する傾向があります。そこが〈成果を出す力〉との大きな違いです。〈成果を出す力〉の持ち主は、行動を通じて押し通そうとし、決してあきらめませんが、〈楽観の力〉タイプは本質的に、手放すことを選びがちです。

↓　対処法　実践を心がける

お人よしで繊細すぎると思われないために、明るい見通しをつけるだけではなく、そこに到達するための行動手順を具体的に示しましょう。確実にうまくいくように行動やプランを細かく示すことで、結果に主体性があるという感覚が生まれます。企業コーチング講師のダナ・カウィンは、これを「実践的な楽観主義」と呼び、次のように語ってくれました。

「私は毎朝起きたときに、『どうすれば今日を素晴らしい一日にできる？』と考えます。楽しみを追求するマインドセットがあるのです。もちろん、苦労や困難も経験しますし、認識していま す。それでも、確実に改善するための行動を起こせると信じ続けることができます」

〈楽観の力〉を高める方法①　「ポジティブな意図」を信じる

〈楽観の力〉を体現したペプシコ社の元CEOインドラ・ヌーイは、父親から、こんなアドバイスをもらったそうです。

誰かの発言や行動には、すべてポジティブな意図があると想定しなさい。人や問題に対するアプローチが様変わりし、驚かされるはずだ。ネガティブな意図を想定すると、怒りがわく。怒りを捨てて前向きな意図を信じて行動すると、嬉しいことが起きる。自分の反応がランダムではなくなるために、EQ（心の知能指数）が上がるのだ。守りに入らなくなるし、叫ぶこともない。理解し耳を傾けようとする。なぜなら、「私に聞こえていないことを、この人たちが言ってくれているのかもしれない」と心から思えるからだ。

共感できない人や、行動が理解しがたい人を思い浮かべてみましょう。〈楽観の力〉を強みに持つと、「この人の良い部分はどこだろうか？　この人は、私に対して、そして直面する状況に対して、どのようなポジティブな意図を持っている？」と問うことができるでしょう。**「ポジティブな意図」というレンズを通すことで、他人の良いところを見つけ、一緒に解決策を考えながら問題に取り組むことができます。**

このマインドセットは、人生の挫折やトラブルを思い出すときにも使えます。記憶のテープを巻き戻すときに、良かった点と、そのトラブルが切り開いてくれた道筋を考えると、挫折がポジティブな結果を与えてくれたことに気づけます。脳を訓練することで、こういった出来事を学びとして前向きに思い出せるようになります。

〈楽観の力〉を高める方法②　感謝リストを書く

〈楽観の力〉を実践するもう2つ目の方法が、感謝することです。物事の良い面に注目することは、有形無形を問わず、自分が持っているものに感謝することから始まります。感謝の気持ちがあれば、人生の善を認めることができ、善の源が自分の外にある場合は、個人としての人間よりも大きなものとつながることができます。これは、過去（子ども時代のポジティブな思い出）、現在（恵まれていることを当然と思わない）、未来（希望に満ちた態度を保つ）すべてに当てはまります。

ある研究(11)で、心理学者のロバート・A・エモンズ博士とマイケル・E・マッカロー博士は、参加者に、毎週数個の文章を書くように依頼しました。第1グループには、その週に起きた感謝すべき出来事について、第2グループには、日々のいらだちについて、第3グループには、影響を受けた出来事について（ポジティブにもネガティブにも重点を置かずに）書いてもらいました。10週間後、感謝を書いたグループは、以前よりも楽観的になり、人生の満足度が増したと報告しました。

私はこれを毎日実践しています。通勤途中に、感謝できることを3つ思い出し、一日の終わりに、今日の最高の瞬間を思い出しています。こうして私は、日々を感謝から始めて、感謝で終わらせているのです。

〈楽観の力〉を高める方法③　辛い出来事を手放す

破局や失業、愛する人の死など、決定的な喪失に対処するときに、「手放す」力が役に立ちます。ある状況や人間関係について、「しがみつくvs手放す」のバランスシートに載せて考えてみましょう。手放すことのポジティブな点を理解して、得た教訓をふり返り、これから先のより良い日々に目を向けましょう。

コメディドラマ『テッド・ラッソ：破天荒コーチがゆく』では、テッド・ラッソがミスをしてくじけそうな選手にこう言います。

「世界一幸せな生き物は何だと思う？　金魚だよ。10秒しか記憶がもたないんだ」

⑧〈自分を支える力〉
――確固たる自分を持ち、他者に振り回されない――

◇グループの中で、自分を認めさせたり人を感心させたりする必要を感じない
◇恥ずかしいと感じることがめったにない
◇他人がどう思うかを心配せずに、自分がやりたいことをやる
◇ありのままの自分が快適だ
◇他人から脅かされていると感じない
◇自分のことで言い訳する必要を感じていない

◇自分を人と比べることはめったにない

〈自分を支える力〉を〈一番の強み〉に持つ人は、外部からの評価を必要としません。称賛に頼ることなく、冷静に自分を信じています。評価はいつでも歓迎しますが、それが原動力ではありません。テーブルの椅子を見たら座ってもいいものだと思い、その席に座る理由や資格について説明する必要性を感じません。「見たままを得られる」という感覚があり、確固たる自意識を持ち、傲慢ではない最高の形の笑顔と威厳を放つことができます。

自分に価値があると知っているので、人と比べたり、うらやましがったり、地位を追求したりということに心を揺さぶられません。**簡単に言うと、あなたは自分が好きなのです。**自分の中に蓄えた力を引き出し（心の中には批評家ではなく応援団がいます）、「私は十分なの？」という疑問を持ちません。なぜなら、答えは必ず「私で十分」だからです。

自分を深く思いやり、自分の資産と負債のバランスシートを上手に管理します。心の中で自分の強みを称賛し、欠点を受け入れています。批判されても、まるでフッ素樹脂加工のフライパンのように、心にこびりつかせずに受け流します。悪循環にはまったり、自分が劣っていると感じたりはしません。フィードバックに感謝して、それをベストの形で活かす方法を自分で決めます。

トラブルが起きても、動揺せずに自分の内面を見つめてエネルギーを補給し、目の前の問題に取り組みます。「毎日、あなたが恐れていることをひとつ行いなさい」という元ファーストレディのエレノア・ルーズベルトの格言がありますが、まさにこれは〈自分を支える力〉の拡大バージョンです。続けてエレノアはこう語りました。

「あなたの心が正しいと感じることをしなさい――どのみち批判を受けるのだから。やってもやらなくても、非難されるのです」

確固たる自己を持つあなたは、どんな状況でもおじけづかずに冷静に行動します。説明や言い訳や自己弁護の必要性を感じることなく、望むことを要求できます。〈自分を支える力〉の持ち主は、後悔や謝罪をせずに人生をふり返ります。なぜなら、人生経験の積み重ねが自分の強さと目的の源だと考えているからです。自分が今の場所まで到達したことに誇りを持っています。

人を喜ばせることを本質としていないので、部屋で一番大きな声を出す必要性を感じません。自分の功績を挙げ連ねたり、自分の地位で人を感心させたりするのではなく、自分以外の話題に深く関心を持ちます。批判から自由な場所で生きているので、周囲の人のことも同じように受け入れます。誰かが好意を返してくれるかを考えてエネルギーを浪費することもありません。

一番輝く瞬間＝正当な要求をするとき

あなたがどのタイプよりも自信を発揮するのは、依頼や昇進、昇給など、何かを要求するときです。要求するために競ったり、データを提示して自己弁護したりせずに実行します。何かを批判されても平気で、悪い状況でも落ち着いていられます。自負心が強いため、定量的調査で質問したほぼすべての状況において、高い能力と自信がありました。

社会的属性＝年齢を重ね、退職した人

「青春を無駄遣いするな、と言うけれど、年齢を重ねた知恵を無駄にするなと言いたいね」

このテッド・ラッソ（前出のドラマの人物）の名言が、〈自分を支える力〉が55歳を超えた女性に最も多いことの説明になっているかもしれません（〈自分を支える力〉のスコアが高い女性のほぼ半数が、55歳から75歳でした）。

また、退職者の割合が50％高いのは、あらゆることを目で見て経験しているために、体が記憶していて、自分に満足し、証明すべきことは何も残っていないと感じるからでしょう。私の母親は、まさにこれを体現していて、「この年齢になれば、ほとんどすべてを見てきたし、実行してきたから、これ以上誰かを感心させようとも思わないわ！」と話しています。

マイナス面①「高慢、冷淡」という印象を与える

「自信と高慢」「冷静と冷淡」は紙一重です。〈自分を支える力〉の持ち主ほど、この一線をたや

すく越える危険をはらんでいる人はいません。〈自分を支える力〉は、他の人をしらけさせる可能性を秘めています。人を魅了する必要性を感じていないので、無関心でよそよそしい印象を持たれるかもしれません。

↓ 対処法　好きなものを伝える

〈自分を支える力〉タイプの人は、自分以外に大切にしている何かについて、周囲に伝えることが重要です。信条や賛同することを表明したり、世界を良くするための情熱を見せたり、他の人に注目したりしましょう。自分を売り込む必要性を感じていないため、つながる方法として、業績ではなく価値観を伝えるとよいでしょう。

目標やプロジェクトが自分の信念と一致するとき、誰よりもエンジンがかかります。達成することではなく、あなたの内面が輝くことが、やる気の源なのです。

マイナス面②　強引に押し通す

自己主張をするときに、自分の見解を弁護したり説明したりする必要性をあまり感じません。他人がどう思うかを心配せずに突き進むことができますが、主張が過剰要求の一線を越える可能性があります。

↓　対処法　他人の反応を見る

〈与える力〉や〈楽観の力〉タイプの人が持つ共感力を使って、ストレートに意見を言うあなたに他人がどう反応するかを理解しましょう。他人がその状況をどう感じるかに思いをはせて、必要であれば、あなたの理屈を説明することが――自己弁護ではなく人と関わるために――重要です。あなたにとって最も自然に感じられるのは、誠実に1対1の関係を育むことなので、聴衆のためにパフォーマンスをしているようには感じません。

〈自分を支える力〉を高める方法①　自分の価値を認識する

〈自分を支える力〉は、自分の価値を自分の中に取り込んで、自分の意見を尊重することから始まります。自分らしさを知り、真の自分を理解するために自分自身を頼りにしましょう。自分の好きなところをリストに書き出してもよいでしょう――すぐに思い浮かぶことでも、診断テストの結果を見てからでも構いません。初めのうちは難しいかもしれません。心地よくできるようになるまで、毎日リストを追加してください。

〈自分を支える力〉を高める方法②　フィードバックを糧にする

〈自分を支える力〉を高めるには、フィードバックによる動揺を上手に扱い、パワーを奪われないようにすることです。「私の許可なしに、誰も私を傷つけることはできない」というマハトマ・ガンジーの真言は、他人にどう思われるかを心配しないための呼びかけでもあります。

人から好かれているかに関心を向けなくなると、ありのままの自分を知り、状況の改善というフィードバックの建設的な要素に意識を向けることができます。〈自分を支える力〉は悪循環をストップさせます。自分の価値を重んじるようになり、他人からのジャッジの犠牲者にならずにすむからです。フィードバックはもはやダイナマイトではなく、嬉しいプレゼントなのです。

〈自分を支える力〉を高める方法③　サービス精神を出しすぎない

私は個人的に、〈自分を支える力〉をさらに高めることに取り組んでいます。人を喜ばせるのが好きで、他人にどう思われているかを気にする性格なので、知り合いが少ないパーティでは自分のデフォルトである〈目立つ力〉のモードに戻ってしまいがちなのです。

今練習しているのが名付けて「ディナー・パーティ・チャレンジ」です。イベントに出席するときには、参加する資格があることを証明する必要はないのだと、自分に言い聞かせています。だって、招待されているのですから。**誰かを感心させる必要はありません。**私であればそれでいいのです。

自分について話すこと（人に感心してもらえそうなことや、高く評価してもらえそうな自分語りをすること）は控えて、会話の質や他人の興味のほうに労力の大半を費やします。この変化を起こすことで、人から好かれようとすることに使っていたエネルギーを温存して、今の瞬間に集中して交流を楽しむことに使うことができます。

〈自分を支える力〉を高める方法④「すみません」と言いすぎない

私たちは無意識に「すみません」と言いすぎています。この言葉は、本当に何か悪いことをしたときにだけ使われるべきです。一日のうちに、何回この言葉を使ったかを記録してみてください。その99％は謝る必要がなかったのではないでしょうか。作家でジャーナリストのミカ・ブルゼジンスキーは、こう話しています。

「長く出ていたTV番組での私の給与状況は適切ではありませんでした。私はそれを修正しようと5回試みましたが、そのたびに同じミスをしていることに気づきました――要求しながら謝っていたのです。女性は交渉に臨む際に謝らないのが難しいと思います。つい自虐的な会話に戻りがちで、最終的には自滅してしまいます」(12)

なめられないための傾向と対策

8つの強みを理解していただけましたか? では、どのように応用できるかを見ていきましょう。

まずは全体像を把握しましょう。私たちが調査した女性の80%以上が1つ以上の〈一番の強み〉を持っていました。平均は2つで、8つの強みすべてを持つ女性はわずか2%です。それぞれの「力」を持つ女性のパーセンテージを示したのが下のグラフです(2つ以上の「力」を持つ場合があるため、合計は100%を超えています)。

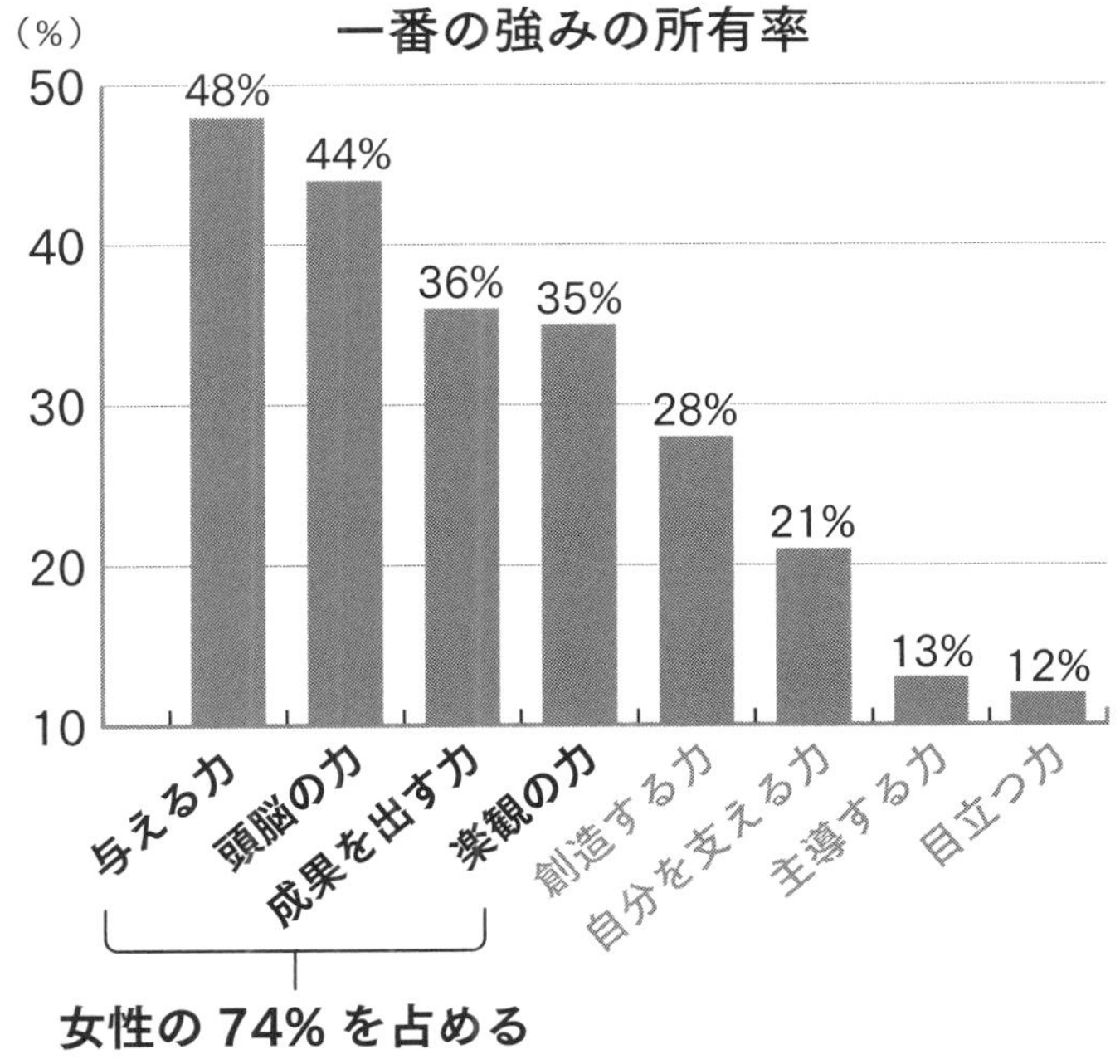

調査した女性の大多数（74％）が、自分の〈一番の強み〉が〈与える力〉〈頭脳の力〉〈成果を出す力〉〈楽観の力〉のいずれかだと自任しています。
女性に最も多く見られた組み合わせは、次のようになりました。

与える力＋頭脳の力
与える力＋成果を出す力
与える力＋楽観の力
頭脳の力＋成果を出す力

この4つの力の特徴に基づいて、調査対象の女性が「最も」快適でいられる状況のトップ10を挙げてみました。

能力を発揮できる状況トップ10

①タスクやプロジェクトを完了させる
②悲しんでいる人を慰めたり喪失に対処したりする

③自分の間違いを認める
④データを使って答えを補完する
⑤自分のアイデアを説明したり擁護したりする
⑥新しいプロジェクトを始める
⑦厳しい締め切りやプレッシャーのもとで作業をする
⑧悪い状況で冷静さを保つ
⑨新しいアイデアをひらめく
⑩家族の病気に対処する

このリストから、女性たちが世の中に素晴らしい貢献をしていることが見えてきます。そして、私たちがごく自然に発揮できる生来の強みとの関連性がおわかりいただけるでしょう。

女性がタスクやプロジェクトを完了するのを心地よく感じたり、厳しいスケジュールやプレッシャーのもとでの作業や新しいプロジェクトの開始が得意な理由を掘り下げてみると、女性全体に〈与える力〉〈頭脳の力〉〈成果を出す力〉を持つ確率が非常に高いからなのです。

これらの〈一番の強み〉が結果を引き出しているのは確かですが、モチベーションは異なります。仕事を完了させる能力について言うと、〈与える力〉タイプは「頼りにされているから」、〈頭脳の力〉タイプは「それをするのが合理的だから」、〈成果を出す力〉タイプは「目に見える結果に満足感を覚えるから」やるのです。これが、私に相談に来る女性の多くが「くだらない用事をやり遂げる」のが自分の才能だと訴える理由です！　同様に、〈与える力〉と〈楽観の力〉が調査した女性に多く見られたことから、他人を慰め冷静さを保つことが、私たちの大きな特徴と言えそうです。

用事を成し遂げることと周囲の人を育てることに意識を向けつつも、それを自分の手柄だと考えていないことも、データは示しています。ここに、第2章で示した自分は足りないと考える「不足思考」がよく表れています。自分の間違いをすぐに認め、自分の答えを擁護し説明する必要があると考えがちなのです。

こういった行動は〈与える力〉と〈頭脳の力〉両方のマイナス面です。〈与える力〉が強い人は、自分の功績を過小評価して、不足分を埋めようと努力します。〈頭脳の力〉タイプの人は、知識とデータを盾にして自己弁護モードに入りがちです。このことが、「すみません」を無意識の反応にしている人があまりにも多い理由かもしれません。**自分の欠点を認めることが、性格の一部になっているのです。**

能力を発揮できない状況トップ10

実際に、総じて女性が最も苦手で居心地が悪いと感じる状況のトップ10は次のようになります。

①自分がしたことで批判される
②人前で話す／スピーチをする
③昇給を求める
④昇進を求める
⑤聴衆の前で自分語りをする
⑥自分のビジネスを始める
⑦失望を手放す
⑧頼みごとをする
⑨知り合いが誰もいないイベントに出かける
⑩計画やアイデアを売り込む

〈与える力〉〈頭脳の力〉〈成果を出す力〉を〈一番の強み〉とする人は、自己主張や公の場での活動などのシーンで、自分を前面に出すことに苦労します。この3つのいずれかを持つ人の割合と、このうち2つを併せ持つ人の割合が最も多いことから、このリストは女性が苦労する公私の問題の多くを反映していると言えそうです。

注目してほしいのが、これらがすべて〈主導する力〉〈目立つ力〉〈自分を支える力〉のタイプが得意とすると状況だということ。つまり、こういった瞬間を上手に乗り切る力を持っている人の割合が、最も少ないのです。この3つのいずれかを持つ女性はわずか33％です。この3つのいずれかを持つ女性が最も得意で心地よく感じる状況のトップ10を下に、表にしてみました。

実のところ、〈自分を支える力〉〈主導する力〉〈目立つ力〉のタイプの女性は、あらゆる状況について、平均の女性の2倍から3倍の能力と自信を持っています。しかし、3つのうち1つ以上を強みにする女性は、全体の3分の1しかいないのです。

大多数の女性が〈成果を出す力〉〈与える力〉〈頭脳の力〉〈楽観の力〉を主な強みとしているということは、私たちは多くの状況（人前でスピーチをする、会議をリードする、頼みごとをする、など）で自分を過小評価しているのです。一方で、自分の欠点を認めてすべ

得意なこと

自分を支える力	主導する力	目立つ力
1. 頼みごとをする	1. 人前で話す／スピーチをする	1. 聴衆の前で自分語りをする
2. 昇進を求める	2. 聴衆の前で自分語りをする	2. 人前で話す / スピーチをする
3. 悪い状況で平静を保つ	3. 昇進を求める	3. 自分のビジネスを始める
4. プロジェクトを率いる	4. 喪失や失敗から立ち直る	4. 計画やアイデアを売り込む
5. 自分のビジネスを始める	5. 人材を管理する／人にすることを指図する	5. ビジネスや慈善活動のために資金を集める
6. 昇給を求める	6. ビジネスや慈善活動のために資金を集める	6. 昇進を求める
7. 計画やアイデアを売り込む	7. 昇給を求める	7. 知り合いが誰もいないイベントに出かける
8. 自分がしたことで批判される	8. あるテーマの専門家になり切る	8. あるテーマの専門家になり切る
9. 新しい人に会う	9. 物語を書く・芸術作品を創作する	9. 誰かに悪いニュースを伝える
10. 知り合いが誰もいないイベントに出かける	10. 知り合いが誰もいないイベントに出かける	10. 人にアドバイスやコーチングをする

ての仕事をこなすのは極めて得意です。これもまた、調査した女性のうち、私生活とキャリア（現在の仕事または専業主婦になる前の最後の仕事）の満足度が高い人がわずか4分の1しかいないことの説明になるかもしれません。(13)

満足度は、異なる強みを持つ女性の間で大きな差があります。最も満足度が高い女性は〈主導する力〉〈目立つ力〉〈自分を支える力〉を〈一番の強み〉に持ち、とりわけ、上司から評価されて努力の報酬（表彰、昇進、賃金、福利厚生）を得ることに関してのスコアが高くなっています。

これに対して、〈成果を出す力〉〈与える力〉〈頭脳の力〉を〈一番の強み〉とする女性――大多数の女性――は、同じ項目において満足度が大幅に低く、多くの場合は〈主導する力〉〈目立つ力〉〈自分を支える力〉タイプの約半分です。

どの強みのタイプにおいても、全体的に最も満足度が高いのは、自分が何かしてあげた人や同僚から感謝されること（50～75％が満足）、家庭のパートナーとの人間関係（50％）、実際に行った仕事（40％）でした。したがって、タイプによる差が大きいのは、認められる、報酬を受ける、上司に感謝されるといったことでの満足度です。

以上のことから、私たちは成功の定義を拡大し、〈一番の強み〉の力をレベルアップさせる必要があるとわかります。次のパートでその方法を見ていきましょう。

パート／3

あなたの自信を発揮する

第5章「自信」を自由に使いこなす

私のお気に入りの映画のひとつが『マトリックス』です。物語は、プログラマーのネオを中心に展開します。ネオは、コンピューターが生成する仮想世界に住んでいること、人工知能（マトリックス）が人類を征服していることを告げられます。しかし、その世界の下には、彼が人類を解放するザ・ワン（救世主）だと信じる「現実」の世界があります。

ネオは、マトリックスに支配される現在の状態にとどまるために青い錠剤を呑むか、それとも本当の世界に目覚めるために赤い錠剤を呑むか(自分を信じる心を受け入れる選択に似ています）の選択を与えられます。選んだ後に、ネオはザ・ワンではないと言われます。彼はマトリックスを操作しようとする最初の試みで、建物の屋上から別の屋上へと飛び移ることに失敗し、自分を疑います。

映画の最後に、マトリックスのエージェントが撃った銃弾を止めて初めて、緑色のコンピューターのラインのシャワーの中で世界のありのままを見るようになり、自分こそがザ・ワンだとようやく信じて、自分の力を受け入れるのです。

さあ、新世界を歩いてみよう

これはあなたにとって、どんな意味を持つでしょう？　日常生活は、あなたが〈一番の強み〉を使う多くのチャンスを与えてくれます。そして、診断テストの結果が〈一番の強み〉を意識化するのに役立ちます。自分の才能に名前をつけて、見つめて、認識することができます。

ネオが「目を覚ます」選択をして世界を見る目が変わり、ついには自分の力を信じるようになったように、**あなたも、自分の中にある自信を言語化したとたんに、見ないわけにはいかなくなります。**あなたの目の前には探求すべき新世界が広がっているのです。次の3つの段階をあなたは経験するでしょう。

◇自分の中にある「強み」に気づく
◇自信を言語化することの威力を理解する
◇自分の「強み」を称賛する

自分の才能への感度を高めて、人との関係ではなく自分自身との関係において、自分の力と主体性を理解するのです。

自分の〈一番の強み〉を信頼してみると…

私たちはしょっちゅう、褒め言葉を受け取るのに苦労します。というのも、「自分は足りない」という不足思考のせいで、自分の弱点にしか目が行かず、自分の評判を信じることができなかったり、謙遜すべきだと思ってしまうからです。私は皆さんに、この習慣を打破してほしいのです。今こそ、自分自身を褒め、本来の自分の姿を誇りに思うときです。では、どうすればいいのか。**あなたが絶好調だったときを思い出してみましょう**。すべてが整っていると感じられ、「ゾーン」に入っていて、あらゆることが正しい流れに乗っていて、自分のパフォーマンスが完璧に感じられた瞬間のことを。この記憶の真ん中に自分を置いて、細部をできる限り詳しく思い出しましょう。さて、記憶のテープをスローモーションで巻き戻して、あなたの診断テストの結果との関連性を探してください。自分にこのように問いかけましょう。

「私のどんな持ち味が、この前向きな結果につながったのだろう？」
「この絶好調の瞬間を創り出すために私が使ったスキルは何？」
「私の〈一番の強み〉が、どのように前向きな結果をもたらした？」

私は診断テストを受けたとき、その結果を、マッキンゼーで働いていた頃のある記憶と結びつけました。私たちは、南米で新規事業を立ち上げるクライアントを支援していました。CEOは当時80代で、その50年前にゼロからビジネスを始めたエネルギッシュな起業家でした。カリスマ性があり、アイデア主導型で、自分のチームの準備力と実行力に信頼を置いていたので、実務的な詳細については関心を持っていませんでした。最終プレゼンテーションの準備をしていたとき、その時点でグラフや数字を満載した50ページのボリュームになっていましたが、私は自分のチームにこう言いました。

「B氏にこの資料を見せても、ワクワクしてこの新事業に乗り出すのを承認するとは思えません。彼は財務モデルの詳細を気にかけません。彼は、ビジョンを見てワクワクしたいんです」

私たちは代わりにスライドを10枚作成しました。人気番組『シャーク・タンク』（起業家がビジネスプランをプレゼンして、投資家の支援を募る、ビジネスリアリティ番組。アメリカ版『マネーの虎』）のプレゼンのように、エネルギッシュな語りによって、未開発の市場のチャンスや、新たなベンチャーで何ができて、誰を助けることができるかを提示しました。私は彼に、最終的な結果ではなく夢を示して見せたのです（とはいえ、魅力的な投資リターンが得られる努力は怠りませんでしたが）。プレゼンが終わると、彼は立ち上がって歓声を上げ、即座に取引を承認しました。

この記憶のハイライトを再生しながら、私ははっきりと、自分の〈一番の強み〉が実行されているのを特定することができました。それは〈主導する力〉（＝チームの方向性を設定する）、〈目立つ力〉（＝アイデアを提案する）、〈創造する力〉（＝新たな空白のチャンスに着手するための大胆なビジョンを作成する）です。

絶好調のパフォーマンスを思い出すエクササイズは、自分をふり返るときに役立つだけではなく、他の人に使って力を与えるツールにもなります。私はよく講演会の冒頭に、参加者の皆さんに「人生の絶好調の瞬間を思い出して、そこに身を置いてみてください」とお願いします。こうして「不足思考」を断ち切ってポジティブ思考のサイクルに入る準備を整えるのです。

自分の強みについて、自分に言い聞かせるのも大切ですが、そういった強みを実際の人生の瞬間とリンクさせると、さらに強力な効果が得られます。過去をさかのぼって、「あなたの才能」と「達成した成果」という点と点を結び付けると、自分の〈一番の強み〉が人生の多くのことを動かしてきたとわかります。

脳はハードドライブのようなもので、記憶できる容量が固定されているため、日常の活動の記憶の大半は捨てられます（例：昨日のランチに何を食べたか覚えていない）。ただし、脳は最高のピークと最低のどん底を記憶するようにプログラミングされています。特別な思い出は、いわばあなたの〈一番の強み〉を形にしたものであり、これが自分の長所を信頼する基盤となります。これを知ることは極めて重要です。

なぜなら、将来の到達点や業績には、同じ指標が当てはまり、あなた独自の才能が使われるからです。**過去にそれがどのように作用したのかを知り、自分の中にすでに能力の蓄えがあること**

を知れば、自分の能力を信頼することができます。

「すぐ辞める」のも強みのうち

エマは自分のことを「すぐに辞める人」だとずっと思っていました。16歳のときにフィレーネ・デパートの男性用のオーダーメイドスーツ部門に配属され、合わない仕事を辞めたときにそう思いましたし、高校生のときに、父親が、苦労して稼いだお金をポートフォリオ作成に充ててくれたのにモデルの仕事を断念したときもそうでした。そして、大学時代にボートチームをやめたときも。父親は、海軍に30年間勤めた退役軍人であり、ひとつの職場で働き続けてキャリア形成をする世代です。

辞めようと考えるたびに、エマの頭の中には、父親の声がこだまのように響きます。父親を失望させまいという気持ちひとつで、インテリアデザイン会社の初級レベルの業務を6年間続けましたが、まったく楽しめず、昇進のチャンスも限られた職場でした。

2017年、結婚して学齢期の子どもを持つ40代になったエマは、特別支援教育の修士コースで学びました。卒業して間もなく、熱望した4年生の補助教員の職に就き、ようやく自分のキャリアが実を結んだことにワクワクしていました。

「教室を整頓していたときに、これまで『辞めた』すべての仕事が今の自分を形作ってきたことに気づきました。人の家のクリーニングをしていたので、床をきれいにするノウハウがわかっていますし、インテリアデザインの仕事のおかげで、部屋を整頓して、自分とゲストにとって居心地のよい空間にするコツも知っています。ベビーシッターのアルバイト経験や自分の子育てのおかげで、子どもの扱い方もわかります」

エマは、パズルのピースがしかるべき場所にはまり始めたように感じました。ところが、事態が変わったのは、気難しい年上の教師のクラスに配属されたときです。エマは、自分のやることなすことすべてが、間違っているように感じました。自分は教師に向いていないのかと悩みましたが、そのことが頭をよぎるたびに、不安に襲われました。「お前はすぐに辞める」という父親の声が聞こえるような気がするのです。

エマは異動を重ね、さまざまな学年を教えながら、自分に合った場所を探しました。そこに新型コロナウイルス感染症のパンデミックが発生し、仕事量が2倍になり、1週間に7日働いて、怒りいらだつ保護者たちに対応し、画面上のバーチャル授業で生徒たちをやる気にさせるために最善を尽くしました。ストレスが強すぎて、授業の後にしょっちゅう涙を流し、胃腸の問題を抱えるようになりました。

「夫には、敏感すぎると言われ、妹には、個人的に受け止めすぎだと言われました」

エマは新しいキャリアに疑念を持ちながら、耐え続けました。そして、あることが起こりました。エマがスタンドアップ・コメディ番組『ナネット』を観ていたときのことです。コメディアンであるハンナ・ギャズビーのところへ、ある男性の観客が舞台の後にやってきて、扱ったテーマについて議論を始めました。議論が白熱するなか、ハンナは粘り続け、男性は憤慨して「あなたは繊細すぎるんだよ」と切り返したのです。これを観たエマは、ああ、私がしょっちゅう言われることだ、と思いました。ところがハンナは、繊細であることは自分の一部であり、人間である証拠だと丁寧に説明を始めたのです。

「なぜ鈍感を目指す必要が？　私はたまたま、繊細であることが自分の強みだと知っています。そのおかげで、人生の難所を切り抜けてこれました。だから、繊細になるのをやめなさいと誰かに言われても、オナラに説教される鼻のようなもので、へっちゃらなんです」

これを聞いた瞬間、エマはすべてに合点がいきました。自分の〈一番の強み〉は〈与える力〉だと気づいたのです。「これほど繊細でなければ、特別支援学級の教師に必要とされる思いやりが持てなかった。これが私の〈一番の強み〉なんです」。

エマは長年、過敏なのが悪いことのように言われてきたけれど、それこそが自分の最高の長所だと気づきました。他の人にはできないレベルで人の気持ちを察して共感することができる。それは、優れた教師や指導者にふさわしい資質です。また、自分が「すぐに辞める人」ではないことにも気づきました。エマは〈楽観の力〉の持ち主で、自分にとって健康的ではないことにも順応でき、手放すこともできるのです。エマは、経験を積むことが最善の道につながるというポジティブな影響に注目しました。

エマは、自分の強みというレンズを通して自分の物語を再構築し、実力を発揮しました。**自分を特別な存在にしている特徴について申し訳なく思ったり自己弁護したりする代わりに、強みとして認識して自分に取り込んだのです。**エマは現在、学んだことを他人と共有すべく、地元の大学の教育学科の修士課程で講義をしています。授業では、自分の人生を変えた『ナネット』の動画を見せ、学生たちに「これが私を良い教師にしてくれました」と伝えています。

「自信ウィーク」のトレーニングをする

どこで、どのような形であなたの〈一番の強み〉が明るみに出たとしても、いったん強みを信じてしまえば、そこに踏み込むことができ、あなたの自信が形になります。そのために、私は「自信ウィーク」のエクササイズをお勧めします。

やり方は簡単。1週間、あなたの〈一番の強み〉が日常生活にどのように発揮されたかを毎日ふり返るのです。これは、ジェームズ・クリアーが著書『ジェームズ・クリアー式　複利で伸びる1つの習慣』（パンローリング株式会社）で明らかにしている、「人は何かをするたびに、なりたい自分に1票を投じている」ということです。

あなたが「健康的な人になりたい」とつぶやいて、早起きをして8時15分にスポーツジムに行ったとします。その日の朝に、あなたがジムに行って体を動かしたという事実が、あなたがなりた

い人に投じた1票なのです。目覚まし時計を止めて寝ているのではなく、ジムに行くことで、投票を重ねれば重ねるほど、あなたがその人になれる可能性が高くなります。190ページに、私の「自信ウィーク」の表を載せましたので、参考にしてください。

日常の瞬間に貢献している自分の強みと、ちょっとした出来事の美しさを、ぜひ目の当たりにしてください。私の場合、ある程度まで発揮している強みは〈与える力〉であり、これが毎日のリズムの一部になっています。

◇私は旅行者の道案内を引き受け、目的地の途中まで一緒に歩いていきました
◇友人に病院まで迎えに来てほしいと頼まれたときに、喜んで助けました。友人はまだ麻酔で意識がもうろうとしていたので、私が処方箋を引き受けて、保険会社に交渉して薬代をカバーさせました
◇私のチームのためにショートブレッド・クッキーを焼きました

自分の〈一番の強み〉をきちんと認めると、誇らしい気持ちが持てます。これは多くの意味で〈自分を支える力〉の実践です――この性質を持つ人は、「私は十分足りている」と信じているからです。ダイエット関連会社WW社のCEOのミンディ・グロスマンが私に話してくれたように「自分に究極の信頼を置くべきです。だって、あなたが自分を信じられないなら、誰があなたを

著者の〈私の自信ウィーク〉(例)

	主導する力	目立つ力	創造する力
月曜日	毎週のチーム会議で、全体的な計画と照らし合わせて優先順位を検討する。今四半期の目標を共有		
火曜日		新たな販売パートナーの売り込みのプレゼン(契約締結!)	
水曜日			新しいコレクションについて話し合うため、デザインチームとのアイデア出しセッションに半日を費やす
木曜日	チームに連絡して、問題解決と障害のトラブルシューティング。布地の遅延があり、業者に連絡		
金曜日		大学の友人とその週の報告会をするハッピーアワー	
土曜日	「竹の天井」をテーマに、大学の女子同窓会グループの月例会を開催	「竹の天井」をテーマに、大学の女子同窓会グループの月例会を開催	
日曜日			週に一度の美術館訪問&デジタルデトックス

信頼してくれますか？」。

〈一番の強み〉を知っていればどんなピンチも怖くない

第1章でお伝えした〈勇気の方程式〉をふり返ってみましょう。「自分を信じる心を持ち、それを原動力にして行動し、行動の結果を自分の強みの観点から解釈し、学びたい、成長したい、もう一度やりたいという願望を持つこと」です。行動を促す自信を持ち、行動の結果を、もう一度やり直す自信を強化できる形でふり返るのです。ここまでのお話で、自己信頼の基礎がしっかりと確立されたところで、実行に移してみましょう。

2020年3月に話を戻します。私は女性の仕事服のビジネスを経営していますが、職場が閉鎖され、従業員は家に帰されました。恐怖があふれていました——病気になる恐怖、世界情勢への不安、引きこもって待機するストレス。前にも書いたように、グラビタス社の売り上げはゼロではなく、マイナスでした。

動揺すると、私たちの脳は「扁桃体《へんとうたい》ハイジャック」の状態に陥ります。扁桃体は、地球上のすべての動物が持っている、脳の最も原始的な領域で、恐怖や闘争心、フリーズする衝動といった、危険を知覚したときの生理的反応を制御しています。先史時代には、これが捕食者に追われるなどの脅威を察知したときの反応でした。

この脳の原始的な領域は、締め切りが近づく、自分がしたことを批判される、交通渋滞にはまる、さらにはもっと深刻な、離婚の危機に瀕したり、精神的虐待の被害を受けるといった場合に、いの一番に反応します。脳の論理的な領域である新皮質に届いて、思慮深い問題解決に取り組むまでには、少なくとも10秒かかります（これが、怒りを感じたときに10まで数えるといいと言われる理由です）。脅威に直面したときには、質問をします。するとたいていは、新皮質の適切な神経反応を引き起こすのに十分な時間が取れます。

ビジネス崩壊の危機に直面したときに、私は文字通り、スタッフに10まで数えて一時停止ボタンを押すように伝えました。そして、いくつかの質問をしました。

「私たちの〈一番の強み〉は何？　今私たちが持っていて、他の人が誰も持っていないものは何？　この瞬間に私たちを最も必要とする人は誰？」

自分の優れた能力や強みを棚卸しすれば、「私にはこんなお手伝いができます」と相手に示すことができます。ショップで店員が「お手伝いが必要ですか？」と尋ねたときのデフォルトの返事は「いいえ、見てるだけです」なのです。私のチームスタッフたちが出した答えは、次のようになりました。

「日本製の高級キルト綿が、ニューヨーク市の倉庫に2000ヤード分あります。提携会社のTokkiが送ってきたものです。『ニューヨーク・タイムズ』紙の最近の記事によると、キルト綿は布製フェイスマスクに適しているそうです」

「縫製チームは働きたがっています。自宅に機械があるスタッフも何人かいます」

「地元の病院は医療用ガウンを必要としています。中国の私たちの工場は間もなく再開します。今シーズンのアパレルの注文の大半がキャンセルされたので、余裕があるはずです」

「ニューアークの食品流通倉庫から電話があり、従業員のための布製フェイスマスクを5000枚入手できないかとの問い合わせでした」

「お得意様のひとりから、どうしてもオフィスに残って仕事をしなければならない同僚たちのために、フェイスマスクを50枚作ってもらえないか、と電話がありました」

2020年4月3日に、私たちは仕事を開始しました。そして72日間、休むことなく、病院用のガウンと布製フェイスマスクを製造し、エッセンシャルワーカーと地域の人たちに届けました。チームのそれぞれが〈一番の強み〉を発揮しての仕事でした。パンデミックが発生したとき、会社として何ができるかを棚卸ししましたが、この時期を乗り切れたのは、ひとりひとりの〈一番の強み〉を集結して、一緒にできることを目指したからです。

第一に、私の〈一番の強み〉は〈主導する力〉〈目立つ力〉〈創造する力〉です。ゼロから何かを生み出すことができます。可能性を見いだします。やりくりが上手です。みんなを新しい方向に引っ張ることができます。SNSで私たちの活動を紹介し、支援を呼びかけることができます。

病院用のガウンとフェイスマスクが必要？　だったら、私たちがなんとかします！

第二に、わが社のチーフデザイナーのアルクは、〈成果を出す力〉と〈楽観の力〉が一番の強みです。私自身は何度もあきらめそうになりましたが、彼はレジリエンスと楽観主義の達人。決してあきらめませんでした。状況を前向きに捉えて、私たちは正しいことをしているのだと呼びかけました(「私たちは働くことができて、今このときに人助けができる。なんて幸運なんだ!」)。

第三に、当社の制作マネージャーのケリーは〈頭脳の力〉と〈自分を支える力〉に長けています。彼女は現場に来て生産のスプレッドシートを整理し、製造工程を効率的に管理しました(工場が一部しか稼働していなかったので、これが課題のひとつでした)。そして毎日、一ミリの疑問も持たずに、やり遂げることができると信じていました。

それから、チームの全員が多かれ少なかれ、共有していた強みは何だと思いますか?〈与える力〉です。利益を念頭に置くのではなく、目的を胸に据えて会社を方向転換したのは、驚くべきことではありません。

自分の自信を言語化し、そこを軸にして行動することで、素晴らしい活躍をするスペースが生まれます。もしもチームのひとりひとりが、自分の能力や得意分野を深く理解していなかったら、わが社は廃業していたでしょう。

自分の〈一番の強み〉は、使っているうちに、筋肉のようにさらに強化されます。わが社は、パンデミック前よりも今のほうが良い状況にあり、次なる課題に立ち向かう能力が高まっています。そして、チームの〈一番の強み〉を組み合わせることで、個人のマイナス面を埋めることができました。例えば、ケリーのプロセスを整理する能力が、私の単調なタスクを完了する能力のなさを効果的に補ってくれましたし、私のやりくりの上手さとコミュニケーション能力が、不確実な未来に直面したチーム全体に、明確な方向性を与えたのです。

勤務経験がある専業主婦が陥りがちな罠

自信を言語化することで、もっと積極的にチャンスを探し、機会を創り出すことができます。返事を待つよりも、自ら手を挙げることができます。**自分の〈一番の強み〉に沿った人生を送ることで、能力を最大限に発揮できるだけではなく、大きな喜びを感じることもできます。**

わかりやすい例を挙げましょう。勤務経験がある専業主婦の皆さんです。私たちが調査したこのグループの女性の大半は、主要な強みとして〈成果を出す力〉〈与える力〉〈楽観の力〉または〈頭脳の力〉を持っていました。そして大半が自分の人生に不満を抱えていたのです（「とても満足している」が20％未満。これに対して、働く親は33％以上です）。職場にはあって今はない、多くの要素に不足を感じていました。

質問：「家の外で働くことについて、あれは良かった、と懐かしく思うことがあれば教えてください」

「社内の他の人が期日までに完了し、上手にやり遂げることで目標やプロジェクトを達成できる満足感。それから、人との交流も。専業主婦は、時々孤独になります」

「精神的に追い詰められた経験や、他人の人生に前向きな影響を与える機会が日々あったことが懐かしい」

「達成感があり、自分がしたことが重要だと感じられたこと」

「大人同士の交流。達成する感覚。母親以外の肩書を認識してもらえること」

「毎日違うタスクをこなしていたこと、会議、日々の目標、それから人が恋しいです」


こういった声から、大きな自尊心をもたらす〈成果を出す力〉や〈頭脳の力〉が活用されていないことがわかります。ここで、第1章のエリカの話に戻りましょう。元企業弁護士である彼女が、子育てに専念する母親業が難しいと感じた理由のひとつが、〈与える力〉〈頭脳の力〉と並ぶ彼女の〈一番の強み〉が〈成果を出す力〉であると気づいたのです。

〈成果を出す力〉がうまく発揮できないせいで満たされないのだと理解したエリカは、ある解決策に乗り出しました。友人のシャノン（一番の強みは〈主導する力〉〈創造する力〉〈自分を支える力〉）とチームを組んで、パートタイムのパン販売のビジネスを始めたのです。エリカは方向転換をして、2人の〈一番の強み〉を一緒に発揮できる場所を作ったのです。

やりたいことをやるための魔法の質問

あなたの〈一番の強み〉は、自信を持って力強く状況に関わることを可能にします。それだけではありません。行き詰まりや不満を感じたときに、その理由や現状確認を上手に行うためにも役立ちます。参加したディナーパーティで誰かに「もしも今の仕事をしていなかったら、何をしたいですか？」と聞かれたことはないですか？　私の返事はこうです。

「やりたいことを今しています」

プランBも青い芝生もありません。人生で生まれて初めて、自分のすべての〈一番の強み〉と完璧に沿う形で、自分のためにこしらえた人生が稼働しています。私の会社の理念や活動はすべて、自分の強みの種から生えた茎なのです。本書の執筆は、私の〈創造する力〉と〈目立つ力〉を実行すること。〈与える力〉は顧客の服選びのアドバイスで発揮しています。**言語化された私の自信が、行動すべてに直結しています。**

経営コンサルタント時代の私には、同じことが言えなかったと思います。私はマッキンゼー・アンド・カンパニーに深く感謝しています。あの11年間の経験がなくては、今の自分はありません。でも、優れたコンサルタントに求められる典型的な能力である〈成果を出す力〉と〈頭脳の力〉は、持ってはいるものの、それが私の原動力ではないのです。

あなたにもできます。人生を計画して、あなたらしい選択をしながら前進し、欲しいものを得ることができるのです。

「可能であれば、私は何がしたい?」と自分に問いかけてください。

そして、したいことを続けてください。それは、あなたの強みをどのように活かせますか? あなたはエマのように、教える才能があり、楽観的で与えることに喜びを感じる人でしょうか? それとも私のように、与えるのが好きな起業家で、人が自身の最高の長所を見いだす方法をクリエイトする才能を持っていますか? 自分の〈一番の強み〉を見つめたとき、以前は見えなかったチャンスやアイデアがわき出てくるでしょうか?

あなたの強みに合わせて人生を調整する

私生活とキャリアについて、自分の〈一番の強み〉を活用できているかを確認しましょう。強みと重なる部分はありますか? もしそうなら、あなたの満足感と、その活動の楽しさに相関性がありますか? 重なりが少ないとしたら、それはなぜでしょう? あなたの強みに適した他の方向性がありそうでしょうか?

次ページの表を使って、あなたの〈一番の強み〉について整理してみましょう。

	＜一番の強み＞ 力	＜一番の強み＞ 力	＜一番の強み＞ 力
私生活			
私生活			
キャリア			
キャリア			

記入例	＜一番の強み＞ 主導する力	＜一番の強み＞ 頭脳の力	＜一番の強み＞ 与える力
私生活			子どもの学校での話をよく聞き、アドバイスをしている
キャリア	管理職として部下を率いている	予算に関わる提案を数字や実績を根拠に行うことができる	

マッキンゼーの「チーム学習」で学んだ一生モノの教え

マッキンゼーでは、すべてのプロジェクトのスタート時に「チーム学習」というミーティングを設けます。チームは3か月から6か月にわたって編成され、クライアントにサービスを提供することになりますが、ほとんどの場合、チームメンバーはそれまで一緒に働いたことがありません。

チーム学習はプロジェクトの1週目に設けられるスタート地点で、各チームスタッフの働き方や好みを理解して、短期間の枠内で効率的に仕事が回るようにするのです。ビジネスアナリストとしての最初の仕事でのチーム学習で、私はプロジェクト・マネージャーが共有した内容に感銘を受けました。

「私は内向的な性格です。つまり聞き上手であり、スポンジのように吸収します。起きている出来事を受け止めて、一歩下がって消化してから、戻ってきて提案します。もしも私が黙っていて、すぐに反応しなくても、皆さんの意見を深く考えているのだとご理解ください。そのほうが良い意見が出せるのです」

彼女は自分の仕事のスタイルについて悪びれることなく、長所として位置付けました。チームが最大限に力を引き出せるように、自分の物語を組み立てたのです。私は外向的な性格で、人のエネルギーを糧にして、たいていの場面において元気いっぱいですので、異なる働き方を理解することができ、プロジェクト・マネージャーの行動を誤解せずにすみました。そして今日に至るまで、内向的な人とうまくやっていけるのは、彼女のおかげで内向的な人のパワーが実感できるからです。

私は会議でよく発言します。その場にいる内向的な人は、私のすべての発言を深く考えてから数日後に戻ってきて、アイデアを形にし、さらに改善してくれます。内向的な人は、その場で反応する代わりに、自分のペースで最善の形で思考して処理するのです。

この「チーム学習」という仕組みは、コンサルティング業界以外ではほとんど使われていないので、ここから何が得られるかを整理してみましょう。

1つ目は、自分の得意分野を、他の人に見てもらう前に自覚する必要があるということ。これについては、診断テストと〈一番の強み〉の解説から、すでに把握されていることでしょう。

2つ目は、何があっても自分を過小評価しないこと！ **たいていにおいて、女性は何についても「すみません」が多すぎます**。ほとんどの場合は謝ることが癖になっているのですが、それでは自己評価が傷つき、パワーが弱まってしまいます。[1] このことは、私たちの調査からも明らかでした。ほぼ3分の2の女性が、間違いをすぐに認め、批判を受けたときにも同じ割合のスパイラルを描くのです（自分の強みを基盤にして意見を堅持するのではなくて）。複数の研究から、自責の念を表明しない人は、自制心と自尊心が高いことがわかっています。[2,3]

3つ目は、あなた自身の物語を組み立てること。あなたの強みについて、知る必要がある人たちに、積極的に、率直な言葉で共有してください。「この取り組みに私が役に立つ強みは○○です」「○○が私の原動力です」「私が最高の力を発揮できるやり方は○○です」など。

できないことではなく、できることから話す

友人のモニカが、会社の特別委員会に加わったある女性幹部の話を教えてくれました。勤続20年であるその幹部は、会のメンバーにこんな自己紹介をしたのです。

「私はチームに加わったばかりで、多くのミスをすることでしょう。どうか皆さん、その過程でご迷惑をおかけすることをご容赦ください。でも、私は本当は賢いということも、どうか覚えておいてくださいね」

どうしてこの人は、初めから自分の力を手放そうとするのだろう？　モニカは内心ひるんでしまいました。モニカは上司への報告の際に、新たなチームスタッフは「多くのミスをする」ので業務のダブルチェックが必要かもしれない、と懸念を表明したそうです。このような場での自己紹介は、あなたの能力を全面にアピールするチャンスです。では、このモニカの同僚が、自分の強みを軸に物語を組み立て直すとしたら、どうすればよいでしょう？　私にタイムマシンがあれば、このようにアドバイスすることでしょう。

「私は20年の経験をこの取り組みに活かせることにワクワクしています。私は献身的で、知識が

豊富で、細部にこだわるという評判をいただいております。途中で問題を解決する必要がある場合は、フィードバックや協力を歓迎します」

要するに、この同僚は、自分の〈一番の強み〉を他の人に知らしめて評価を得て、自分が常に間違えると自動的に仮定する代わりに、ミスをみんなで共有できることを確認することもできたのです。

他人からの褒め言葉はそのまま受け取る

次回、あなたが自己紹介をするときには、自信を言語化することを意識して内容を組み立てましょう。同僚は、自分らしさを理解して上手に物語を伝えることができるあなたを尊敬することでしょう。褒め言葉の受け取り方も同様の考え方です。私たちは初期設定で、褒め言葉を謙遜して否定したり、恥ずかしがったりしてしまいます。次のような受け答えに心当たりはありませんか?

友人:「今夜の読書会では大活躍だったわね。あなたのコメント、素晴らしかったわ」
あなた:「本当? なんとか読み終えたばかりで、何を言えばいいのかさっぱりわからなかったの」

自分の〈一番の強み〉を自覚して信頼していれば、あなたならどう反応しますか？　否定したり恥ずかしがったりする代わりに、次のように感謝の気持ちを表すことができるかもしれません。「ありがとう、すごく励みになるわ。この本から多くの気づきを得たの。著者の楽観的な考え方がとても気に入ったわ」

友人の褒め言葉は、友人に見えているあなたの長所なのです。もっと肯定的に認める回数を増やしましょう。誰かがあなたの貢献に気づいて認めることに時間を使ってくれるなんて、素晴らしい贈り物だと思いませんか？

「内なる批判者」を適切に管理する

前述したエマの例をふり返ってみましょう。「すぐに辞める人」という父親の声が頭の中でこだましていました。誰にでも、思春期の頃に出現した「内なる批判者」がいます。自分の中の批判者が、自分が快適でいられるコンフォートゾーンから出さないために、無理めの課題を渡されたときに「まだ準備ができていない」とつぶやくのです。

女性リーダーシップの専門家タラ・ソフィア・モアが言うように、管理職がよくやる間違いは、「部下が自信を失って苦しんでいるときに、励ましたり褒めたり応援したりするのが自分の仕事だと思うこと」です。

例えば「あなたなら絶対にできる！」「あなたのことは全面的に信頼している。あなたにできる能力がないと思ったら、この役割を与えなかった」などの声かけがそうです。でも、演技がかった決まり文句で「内なる批判者」を黙らせようとするのはエネルギーの無駄遣いです。説得力がないですし、自己疑念から脱出する効果的なツールにはならないからです。**むしろ「内なる批判者」のタイヤの空気を抜くために、それが何であるかを特定し、現れる理由を理解し、自分に与える影響を和らげることが大切です。**「内なる批判者」は永遠に消えることはありません。だったら、上手に管理して力を弱めるのが得策なのです。(4)

では、どうすればいいか？「内なる批判者」を受け入れましょう。存在を認めて名前をつけ、それが非現実的な思考を反映していることに気づくのです。**理不尽で残酷な「内なる批判者」は、心配性で悲観的で反復好きで後ろをふり返ってばかりで、問題に目を向けすぎています。**だからその正体を言語化して、それをあなたの〈一番の強み〉を基盤にした現実的な思考と対比しましょう。〈一番の強み〉の声は、意識的で、冷静で、前向きで、解決策を模索しています。

次に、「内なる批判者」ではなくあなたの強みをベースに方向性を決める決断をしましょう。これにより、最悪のシナリオ（「内なる批判者」）と可能性が高い最高のシナリオ（〈一番の強み〉）を考慮することができます。私が指導したワークショップに参加したある女性は、フォローアップのメールでこんな感想を送ってくれました。

「自分の思考の癖として、ひとつ気づいたことがあります。それは、たとえ真実ではなくても、

自分についての否定的な思考を、脳に事実として取り込んでしまうことです。肯定的なセルフトークが大いに役立つことを知りました。頭の中のつぶやきを変えるのは手ごわいことですが、長い目で見て価値があります。自分が持っている〈一番の強み〉を考えれば考えるほど、毎日気分が良くなるんです」

「内なる批判者」は黙らせようとせず、あなたの〈一番の強み〉のメガホンを使って声をかき消せばいいのです。

謝るのは時間の無駄

次回、あなたがメールやメッセージを書くときに、「不足思考」のワードが入っていないかチェックしましょう。「すみません」という言葉が紛れ込んでいませんか？ 今すぐ削除しましょう。

これは私は常日頃感じている不満でもあります。

女性にお手伝いをすると、必ずといっていいほど「こんなにお時間を取らせてしまってすみません」と言われるのです。そんなとき、私はこう応じます。「あなたは何も悪いことをしていないのに、どうして謝っているの？ それよりも、私が時間を使ったことに感謝してくだされぱいいのよ」。多くの場合、「ありがとう」が「すみません」の代わりに使えることを覚えておいてください。

「あなたを批判する言葉」

「内なる批判者」を管理すると同時に、現実世界における組織的な偏見やマイクロアグレッション（無自覚の差別行為）、悲観論者からの否定をかわす必要もあるでしょう。そんなときは、覚悟を決めて、あなた自身の物語からぶれることなく、過剰に説明したり中傷する人に勝たせたりするデフォルトモードに戻らないようにしましょう。

例を挙げさせてください。友人のハンナは、オンラインの小売会社で運営の仕事をしていて、ベンダー（売り手）に商品を出荷させて期日内に配達させる責任を負っています。ある日私とランチをしていたときに、ハンナは同僚のひとりと交わした気まずい会話について話してくれました。それはあるベンダーについての会議の後に起きました。そのベンダーが期日を守らなかったので、厳しいやりとりをするはめになり、ハンナは、もしも対処を怠《おこた》ればあなた方に責任を求める、と伝えました。会議が終わり、部屋から出ていこうとすると、親しい男性の同僚がハンナに向き直って首を振り、こう言いました。

「きみ、おっかない態度だったねえ」

ハンナはショックを受けて、口ごもりながら言い訳しました。

「ごめんなさい。私はただ、タイムスケジュールを案内していただけだったのよ。期日内に配達してもらわないと私たちが大変なことになるから、責任を追及する必要があったの……」

私はそこでハンナの話を止めて、こう言いました。

「信じられない、どうして言い訳するの？　あなたが男だったら、その同僚はあなたにハイタッチをして『会議を盛り上げてくれたよ！　やつらも大慌《おおあわ》てだろう』と言ったでしょうね」

その後2人で、ハンナが〈一番の強み〉の他の応じ方はできなかったかと話し合いました。〈一番の強み〉の観点から「そうよ、私は威圧していたの。まさにそういう印象を与えるのが目的だったの」と切り返したり、「それは批判なの？　褒め言葉なの？　もしも前者なら、お門違いだわ。後者なら、ありがとう」と同僚の意図を尋ねたりできたはずです。

なぜ私たちは自己弁護をするのがデフォルトなのでしょうか？　そしてなぜ、ハンナは「おっかない態度」を否定的な批判だと決めつけたのでしょう？　その会議でのハンナの対処には、何の改善点もありません。男性の同僚がそれは違うと推論するなら、たてついてもいいのです。

なめられない人は自信を成長させ続ける

本書を執筆中に、頭を整理するために頻繁に美術館を訪れました。そしてニューヨーク近代美術館で、リチャード・セラの巨大な彫刻作品「イコール」に出合いました。8つの鍛造《たんぞう》スチールの直方体を2つずつ、合計4つのペアに積み重ねたインスタレーションです。それぞれの直方体は同じサイズで、5×5・5フィート×6フィート（重さは40トン！）ですが、積み重ね方の向きが各ペアでわずかに異なります。

8つの直方体は同一であり、4つのペアの高さはどれも11フィートですが、積み重ねた形は違って見えます。作品の周囲を歩きながら、私は8つの〈一番の強み〉を思い出さずにはいられませんでした。自分が持つ〈一番の強み〉を積み重ねて、〈自信の言語〉を築く。組み合わせは違っても、それぞれが唯一無二であり、等しく価値があるのです。

どの〈自信の言語〉の組み合わせもパワフルである（リチャード・セラの個性を持ちながら等しいペアの直方体のように）と認識することで、真の自信を持てるマインドセットが構築されます。このマインドセットが、あなたが望む行動を後押しします。

人生の中で行動を起こしたいなら、まずは自分の強みを信頼することです。**「できるまではできるフリをする」はプレゼンテーションで短期的には役立つでしょうが、自己評価を変えることはできません。**「内なる批判者」の声をふさいで外部の批判者を黙らせるには、自分の〈一番の強み〉が真実だと心から信じることです。この思考は豊かさに焦点を当てます。**不足を心配するのではなく、持っているものに目を向けるのです。**恵まれているという視点から行動すると、潜在能力をフルに発揮して、人生に良いものが生み出せます。

心理学の研究者のキャロル・ドゥエックは、この思考を「しなやかマインドセット」と名付けました。

「最初の才能や適性、興味や気質はさまざまに異なるとしても、誰もが適応や経験によって、変化して成長することができる」

私たちの資質は、育てて伸ばすことができるのです。

これを実践すると、自分の強みを認めて展開し、手柄を認めることが習慣になります。無意識にできるレベルに達すれば、やっている意識がないほど楽にこなせるようになります。これが本物の自信の土台です。

人生で成長志向が必要な3つのタイミング

成長志向の考え方が最も必要なのはどんなときでしょうか？　女性が自分の強みを最も必要とするときは？　大きな変化の最中には、自分を疑う気持ちがピークになります。新しい仕事を始める、解雇や失業を経験する、職場を離れて専業主婦になる、専業主婦を経験してから職場に復帰する、離婚を乗り切る、愛する人の死を経験する、子どもが巣立つ……。それぞれの変化の際に、自分の強みはパワフルだと信じることが大切です。３つの例を挙げさせてください。

成長志向が必要なタイミング①　再就職

20年間専業主婦として3人の子どもを育ててきたヘレンは、元弁護士です。そろそろ自分のしたいことに目を向ける時期だと思い、20年以上仕事を離れていた自分に何ができるだろうと考えました。彼女の〈一番の強み〉は〈与える力〉〈成果を出す力〉〈頭脳の力〉だと判明しました。

「私の〈一番の強み〉から、人を雇いたい企業に貢献できると確信しました。〈与える力〉は合点がいきます。この20年間、毎日の90%の時間を与えることに費やしてきましたから。〈成果を出す力〉もしっくりきます。だから長距離走やマラソンを始めたんです。厳しいときにも忍耐することができます。〈頭脳の力〉は、私が整理整頓が得意で、子どもたちに学業優先を貫き、職場環境をしっかり整えられることにつながります」

ヘレンは現在、一流のリクルーターとして、管理職の女性を経営幹部に配置する仕事をしています。自分の〈一番の強み〉のすべてを活用できる役割です。

成長志向が必要なタイミング② 次のステージへ進むとき

カーラは、大手産業部門の会社の数少ない女性管理職のひとりとして、上級管理職に昇進しました。2人の子どもを養子にして、シングルマザーとして自分の家族を築いています。自分の〈一番の強み〉を知ったカーラは、こう言いました。

「〈自分を支える力〉のスコアが一番高いのは納得できます。だからこの会社でここまでの地位に来れたのです。ひとりで耐えることも必要でした。男性優位の業界で、女性が管理職でやっていくには、自分に『私がやる』と言い聞かせなければできません。とりわけ、困難な時期に、利用できる大きなネットワークがないときはそうです。

でも予想外だったのは〈創造する力〉のスコアが高かったことです。養子を取って離婚後に新たな家族を築いたという意味では、わかる気がします。また、社内で発言力を高め、自分と他の人のチャンスも作ってきました。私は人生の次のステップについて考えてきました。同じ仕事を30年近く続けています。子どもたちが高校を卒業したら、私には何があるでしょう？〈創造する力〉を〈一番の強み〉に持っていることにワクワクしています。これから自分の人生を再発見できるかもしれません！」

成長志向が必要なタイミング③「想定外」からのリカバリー

キャスリーンは自分が設立した会社を解雇された直後でした。これまで10年以上にわたって経営陣としての役割を愛し、組織を尊敬される業界トップに育ててきました。予想もしなかった展開に、怒りと屈辱と絶望の波が同時に押し寄せてきました。自分が創設した会社を出ていけと言われたことに怒り、離職のニュースを伝えざるを得ないことに屈辱を感じ、この先をどうすればよいかということに絶望しました。

キャスリーンの診断テストの結果、最もスコアが高かったのは〈楽観の力〉でした。これは会社設立だけではなく、この時期を乗り越えるにも役に立つ強みです。

あなたは人生の岐路に立っていますか？　あなたの〈一番の強み〉は今の時期をどう導いてくれそうですか？　自分の価値を再確認する？　人生の出来事のハイライトを思いやりを持ってふり返って、前進するヒントが得られそうですか？

実は、あなたの人生をここまで導いてきたのは、あなたの〈一番の強み〉です。これからも日々の困難を乗り切るパワーを与えてくれますし、それでほとんどのことは何とかなります。でも、結婚式の乾杯の音頭を取る、昇給の要求をすんなり通すといった、追加で手に入れたいスキルがあるかもしれません。

そのためには、生来は得意ではない他の〈一番の強み〉を活用する必要があります。自分の世界を拡大したいですか？――ビジネスを始める、など、自分の人生の同心円を外側に広げたいですか？　次からの章は、まさにそのお手伝いをします。

第6章 「ワンランク上の品格」で人生が変わる

第2章で引用した私の親友ジェーン・パークの言葉を覚えていますか？

「人生が楽になるのではなく、私たちが強くなっていくだけ」

この章では、目の前のチャンスを最大限に活かし、強みを活かして挫折や喪失に立ち向かうことで、〈なめられない私〉になる方法をお教えします。

これまでに、自分が持つ自信のタイプを認め、理解して、自分のものにする方法を学んできました。あなたの〈一番の強み〉を組み合わせたものが〈自信の言語〉であり、ほとんどの場合に頼れるデフォルトの強みです。

では、あなたの道具箱に今入っていない〈自信の言語〉を追加するにはどうすればいいでしょうか。活用できる〈一番の強み〉のメニューはそろっています。**新たな強みを身につけてレベルアップすることで、もっと強くなり、自信が強まり、これから待ち受けるチャンスや挑戦を、もっとしなやかに乗り切ることができます。**

私自身、ここまでの道のりをふり返って、〈一番の強み〉を増やすことで力が何倍にも強まるのを感じてきました。**熟達した〈強み〉も何とか習得した〈強み〉も、自分の可能性を増やし、人生の幅を最大限に押し広げてくれました。**

私は小さな事業を立ち上げた移民夫婦の家に生を受け（両親から〈創造する力〉を受け継ぎました）、並外れた思いやりを持って経営する様子を目の当たりにしてきました。家族で営む食べ放題のモンゴル風焼き肉レストランは、小さな砂漠の町の中心地にあり、母はまるで非公式の市長のように、レストランのドアを通ってくる人全員を歓迎しました（私の〈与える力〉のルーツはここにあります）。自称タイガーマザーで、学業に真剣に取り組むように育ててくれました（〈成果を出す力〉〈頭脳の力〉）。

父はトーストマスターズクラブ（スピーチを通してコミュニケーション、話し方、リーダーシップスキルの上達を目指すカリフォルニア発祥の非営利団体）の地元の支部が、5000ドルから10000ドルの大学奨学金を賞金にした学生スピーチコンテストを後援しているのを見つけました。私たちは会合に参加してプレゼンテーションの方法を学び、父親は英語力を向上させ、私は持ち前のスキルに磨きをかけて（〈目立つ力〉です）、大学の教育資金を手に入れました。大学卒業後はマッキンゼーに入社して昇進し、方向性を定め、チームメイトを指導し、戦略計画を策定するよう求められました（〈主導する力〉）。

ふり返ってみて、自分が多くの強みを使ってビジネスを始めることができた理由がわかります。さまざまな能力を追加して積み上げたおかげで、人生の可能性が広がったのです。

私たちの定量的調査から、多くの人が「強みを積み重ねる」効果を感じていることがわかりました。**女性は、職場で上級職に昇進するなどの人生経験を積むと、〈一番の強み〉の平均の数が2つから3つ以上に増えます。**

また、女性は年を重ねると、〈一番の強み〉の変動が見られました。例えば〈創造する力〉は25歳から34歳の間で最も多い自信のタイプです。可能性や新しいアイデアに活力を得て、達成できると感じるのでしょう。35歳から54歳の間にはこのタイプの自信が大幅に減少しますが、興味深いことに、55歳以上と退職した女性の間で、完全に復活します。この増加にはいくつかの理由が考えられます。例えば、こんなふうに。

◇専業主婦だったが、子どもが巣立ってしまい、可能性に満ちた人生の次章を思い描いている
◇同じ会社に何十年も勤務してきたが、新たな道を目指している
◇自分の功績をふり返り、さらに大きな変化を起こせないかを模索している

私たちは進化し、前進することができます。その一歩一歩を助ける強力なツールが〈一番の強み〉なのです。あなたが持つ〈一番の強み〉は、自己信頼の揺るぎない基盤となります（これについては、すでに一緒に学びました）。さらに強くなって限界点を押し広げるために、自分のデフォルトではない〈自信の言語〉を習得し、活用する方法についてお話しします。

まず「なりたい自分」を具体的に選ぶ

手に入れたい新たな〈一番の強み〉を模索するにあたって、まずは一歩引いて、**「手に入れた結果として自分の人生がどうなってほしいか」**をじっくり考える必要があります。私たちは、女性たちに質問をし、さまざまなシチュエーションにおける「快適さ」と「得意・不得意」について答えてもらいました。焦点を当てたのは、次の5つの分野です。

①効果的な実行
②感情的なサポート
③レジリエンス（忍耐力）
④説得
⑤レベルアップ

調査の結果、女性が最も自信を感じる分野は、①の効果的な実行（女性の4人に3人が能力が高いと感じた）と、②の感情的なサポート（女性の3人に2人以上が状況を快適に扱えると感じた）だと判明しました。

逆に、最も苦手とするのが、プロジェクトを率いる、依頼や昇進や昇給を要求する、ビジネスを始める、人前で話す、といった④の説得と⑤のレベルアップです。この2つの分野で女性が快適さを感じるのは、自分の答えを弁護する、アドバイスを行う、人材を管理する、という場合だけでした。

③のレジリエンス（忍耐力）については、女性は全体的に、誤りを認めることと冷静さを保つことについては抵抗がありませんでしたが、失望や批判から立ち直るのは苦手でした。220ページに定量的調査のまとめを示しました。

この表を見ながら、あなた自身のそれぞれの状況での快適さを考えてみてください。あなたが「とても得意」な状況の項目に★印をつけましょう。それは、あなたが今持っている〈一番の強み〉と関連性が高いはずです。

次に、あなたが「それなりに得意」な項目にチェックマークを入れましょう。おそらくそれは、あなたがある程度は発揮できる〈強み〉です。

最後に、今は「得意ではないが、得意になりたい」項目に〇印をつけてください。それが、あなたが手に入れたい新たな〈一番の強み〉とスキルです。本章では、このワークに焦点を当てます。

なりたい自分へと導く〈一番の強み〉はどれ？

目指すものがわかったところで、役に立つ〈一番の強み〉を探してみましょう。私たちは、特定の状況に最も快適に能力を発揮できる女性に注目し、〈一番の強み〉を特定して、どの自信のタイプがそういった結果につながるのかを特定しました。

第4章の「〈〇〇力〉を高める方法」の詳細な説明と合わせて、人生に役立てたい〈一番の強み〉を活かすロードマップになります。

デフォルトの〈自信の言語〉で日常生活を乗り切ることはできますが、スキルアップすることで恩恵を得られる状況もあります。本書では、30通りの状況を網羅しました。これがすべてではありませんが、似たような状況にも応用できます。それぞれの状況の対処に最も効果的な〈一番の強み〉を特定しています。

このワークを行うと、特定の目的に合わせた〈自信のタイプ〉の開発に焦点を定めることができます。

例えば、多忙な弁護士で3人の子どもの母親であるアメリアは、仕事ができて良き母親であるという自覚があります――〈成果を出す力〉〈頭脳の力〉〈主導する力〉が最高点でした。診断テストの結果を見た彼女は開口一番に「人生にもっと〈楽観の力〉が欲しい」と言いました。アメリアに共感できた人は、次のステップとして、こんな問いかけをしてみましょう。

	★	✓	○
非常に厳しい締め切りに取り組む			
家族の病気に対処する			
悪い状況で平静を保つ			
人にアドバイスやコーチングをする			
人材を管理する／人にすることを指図する			
新しいプロジェクトを始める			
新しいアイデアを思いつく			
新しい人に会う			

	★	✓	○
誰かに悪いニュースを伝える			
喪失や失敗から立ち直る			
失望を手放す			
自分がしたことで批判される			
ビジネスや慈善活動のために資金を集める			
あるテーマの専門家になり切る			
計画やアイデアを売り込む			
聴衆の前で自分語りをする			
人前で話す／スピーチをする			
プロジェクトを率いる			
勝ちを競う			
物語を書く・芸術作品を創作する			
知り合いが誰もいないイベントに出かける			
頼みごとをする			
自分のビジネスを始める			
昇進を求める			
昇給を求める			

★ とても得意
✓ それなりに得意
◯ 得意ではないが、得意になりたい

			★	✓	◯
1	効果的な実行	タスクやプロジェクトを完了させる			
2	感情的なサポート	悲しんでいる人を慰める			
3	レジリエンス（忍耐力）	自分の誤りを認める			
4	説得	データを使って答えを守る			
		自分の考えを説明したり擁護したりする			
5	レベルアップ				

◇なぜ、その〈強み〉がもっと欲しいの？
◇その〈強み〉はあなたに何をしてくれる？
◇あなたがもっと上手に対処したい状況は？

アメリアは、もっと夫に対して平静を保ち、肯定的になりたいと思っていることに気づきました。2人ともキャリアと3人の子育てに忙しく、夫婦のやりとりがネガティブで批判的になりがちだったのです。また、3人の娘の良いお手本になるために、もっと人の長所に目を向けて人生全般を楽観視したいと思っていました。「なぜ」がわかると、アメリアは〈楽観の力〉を使って新しい行動を試すことができたのです。

あなたも「なぜ」を突き止めて、よくある状況と、その状況を乗り切るのに効果的な〈一番の強み〉を確認してください。224ページに、一目で見渡せるクイックガイドがあります。

日常生活に必要な「5つの力」を伸ばす

今見たクイックガイドにあった5つの力について、細かく見ていきましょう。

伸ばしたい力①　効果的な実行

計画を確実にステップを踏みながら実行する能力。責任と信頼性が高く評価される。

場面：タスクやプロジェクトを完了する／非常に厳しい締め切りに取り組む必要とされる〈一番の強み〉：〈成果を出す力〉〈与える力〉〈頭脳の力〉

期日までに終わらせる必要がありますか？

最後までやり遂げたいときの最強の味方は、〈成果を出す力〉〈与える力〉〈頭脳の力〉です。〈成果を出す力〉が測定可能な目標を設定し、途中過程での指標を追跡し、粘り強く力を出し切り、ゴールラインを越えたときに喜びを感じさせてくれます。〈与える力〉が他者への責任意識や、実行するのに満足のいく目的意識を生み出します。〈頭脳の力〉があれば、タスクを完了するのに必要な論理的な手順を計画でき、責任を持って行うための詳細なＴｏＤｏリストも作成できます。

この３つの強みのいずれも、プロジェクトを推し進めて完了するまでの後押しになります。

頭脳の力	成果を出す力	楽観の力	創造する力	自分を支える力	主導する力	目立つ力
✓	✓					
✓	✓					
		✓				
✓						
		✓			✓	✓
✓		✓				
✓		✓		✓		
	✓				✓	
		✓	✓			
			✓	✓		
✓	✓					
		✓	✓			
			✓		✓	✓
	✓				✓	
	✓				✓	✓
			✓		✓	✓
				✓		✓
			✓		✓	✓
			✓		✓	✓
✓						
	✓		✓			
		✓		✓		✓
✓					✓	✓
	✓				✓	✓
			✓		✓	
				✓	✓	✓
		✓		✓		
	✓		✓		✓	✓
				✓	✓	
			✓	✓	✓	✓

			与える力
1	効果的な実行	◇タスクやプロジェクトを完了させる	✓
		◇非常に厳しい締め切りに取り組む	✓
2	感情的なサポート	◇悲しんでいる人を慰める	✓
		◇家族の病気に対処する	✓
		◇誰かに悪いニュースを伝える	
3	レジリエンス（忍耐力）	◇自分の誤りを認める	✓
		◇悪い状況で平静を保つ	
		◇喪失や失敗から立ち直る	
		◇失望を手放す	
		◇自分がしたことで批判される	
4	説得	◇データを使って答えを守る	
		◇自分の考えを説明したり擁護したりする	
		◇人にアドバイスやコーチングをする	
		◇人材を管理する／人にすることを指図する	
		◇ビジネスや慈善活動のために資金を集める	
		◇あるテーマの専門家になり切る	
		◇計画やアイデアを売り込む	
		◇聴衆の前で自分語りをする	
		◇人前で話す／スピーチをする	
5	レベルアップ	◇新しいプロジェクトを始める	✓
		◇新しいアイデアを思いつく	
		◇新しい人に会う	
		◇プロジェクトを率いる	
		◇勝ちを競う（例：賞、昇進、試合）	
		◇物語を書く・芸術作品を創作する	
		◇知り合いが誰もいないイベントに出かける	
		◇頼みごとをする	
		◇昇進を求める	
		◇昇給を求める	
		◇自分のビジネスを始める	

伸ばしたい力② 感情的なサポート

相手の心に響くように心から語りかけ、他者との交流において深い理解と共感と温かさを示すのに必要な感情的な知性。

場面：悲しんでいる人を慰める
必要とされる〈一番の強み〉：〈与える力〉〈楽観の力〉

人は困難な時期に、「見守ってほしい」とは思っても、必ずしも励ましを求めていないものです。人を慰めるとは、共有するスペースを作ることであり、例えば、不快で辛い感情を認識してあげることもそのひとつです（「私はあなたの味方です。良いときだけではなく、どんなときにもそばにいます」）。

〈与える力〉は、人のために尽力するときに最も力を発揮する〈強み〉です。苦しんでいる人がいると、すべてを投げ出して手を貸したり、思いやり深く耳を傾けたりします。そうした感情的な関わりをさらに高めてくれるのが〈楽観の力〉です。喪失を受け入れて大きな意味を見つけようと、一歩踏み出す道を切り開く人を、温かく肯定することができる能力です。

場面：家族の病気に対処する
必要とされる〈一番の強み〉：〈与える力〉〈頭脳の力〉

〈与える力〉が寛大で温かいサポートを与え、〈頭脳の力〉が感情的になって混乱した状況に秩序をもたらします。家族が病気になり、結果をコントロールするのが難しいときに、〈頭脳の力〉が持つバランス感覚があれば、家族の役に立っていると思うことができます。この2つの強みは、感情が高ぶった瞬間に温かみと秩序を与えてくれます。

場面：誰かに悪いニュースを伝える
必要とされる〈一番の強み〉：〈主導する力〉〈目立つ力〉〈楽観の力〉

女性の大半は悪いニュースを伝えるのが苦手で、これに抵抗がない女性は3分の1未満です。理由はおそらく、「内なる批判者」が頭の中でさまざまな筋書きを再生するからです。その人がどんな反応をするだろうか、自分がその人だったらどうニュースを受け止めるだろうかと、あれこれと想像してしまうのです。

外向きに物語を伝えるのが得意な〈主導する力〉と〈目立つ力〉のパワーを借りて、聴衆を念頭に置いたメッセージの組み立て方と伝え方を工夫しましょう。それに加えて〈楽観の力〉が、その人に暗い時期を乗り切れる強さがあるという安心感を与え、悪いニュースの楽観的な要素に注目させてくれます。私はこの3つの力を、コンサルタント時代にクライアントに厳しい伝達をせざるを得ないときや、自分のチームの誰かを辞めさせなければならないときに活用していました。

伸ばしたい力③　レジリエンス（忍耐力）

挫折を適切に乗り越えて対処する能力。どう反応し、自分をなだめ、回復し、立ち直るか。

場面：自分の誤りを認める
必要とされる〈一番の強み〉：〈与える力〉〈頭脳の力〉〈楽観の力〉

〈与える力〉タイプの人は、他者に対する深い責任意識を持つため、自分も負担をいくらか引き受けようとします。〈頭脳の力〉を支えるのは知識とデータであり、誤りを発見することで、情報と専門知識の信頼性を保とうとします。〈楽観の力〉は全体像を見る能力です。間違えたときは正直に認めることで、修正するチャンスが生まれます。

ミスは解決策を生み出すチャンス、という前向きな思考で、「間違えたけれど、そんなつもりじゃなかった。今後もっと良い結果が得られることを期待している」と考えることができます。自分の間違いを認めると「不足思考」に傾く可能性もありますが、〈楽観の力〉を発揮できれば大丈夫です。自分の欠点にくじけることなく、失敗を、もっと強くなるための学びに変えることができます。

場面：悪い状況で平静を保つ
必要とされる〈一番の強み〉：〈頭脳の力〉〈楽観の力〉〈自分を支える力〉

〈頭脳の力〉は混乱した状況でもコントロールできているという意識を与えてくれます。秩序をもたらし、難局を緩和してくれる価値の高い能力です。〈楽観の力〉は苦境を肯定的に捉え、「この障害物を乗り越えると良い時代が来る。不安になったり焦ったりしてエネルギーを無駄遣いする必要はない。すべてのことには理由がある」という前向き思考を与えてくれます。〈自分を支える力〉の持ち主は、自分に自信があり、自分の能力を十分に把握しています。困難な時期を乗り越えるためのエネルギーをたっぷりと蓄えています。

場面：喪失や失敗から立ち直る
必要とされる〈一番の強み〉：〈主導する力〉〈成果を出す力〉

この2つの強みに共通するのは、前に進む才能であり、進歩することが原動力になります。挫折しても動じず、立ち直ることを楽しみます。〈成果を出す力〉の持ち主は、逆転のストーリーの達人です。忍耐力と向上への飽くなき欲望をエンジンにして、挑戦することで成長します。

レジリエンスがあれば、逆境を乗り越えてゴールに到達することができます。さらに〈主導する力〉があれば、正しい方向へと軌道修正ができ、チーム志向の環境で人のアイデアややる気を引き出すことができます。目先のミッションが常に明確で意思伝達ができているため、挫折することと、それを解決することは織り込み済みです。

場面：失望を手放す
必要とされる〈一番の強み〉：〈楽観の力〉〈創造する力〉

挫折から立ち直るのと、失望などの感情的な荷物を手放すのは別のことです。〈楽観の力〉と〈創造する力〉の併せ使いが、失望を手放すときに効果的です。

まず〈楽観の力〉は前向きで、失望から何かポジティブなことが生まれると理解しています。〈創造する力〉は、より良い未来を思い描き、過去を手放すためのアイデアをひらめくことができます。起業家は、失敗に肯定的な教訓を見いだすという〈楽観の力〉にパワーをもらい、アイデアの次の展開を生み出すという〈創造する力〉を使って切り替えを図ります。

私は私生活でひどい破局（とりわけ振られたとき）を乗り越えるためにこの2つの力を活用してきました。恋愛関係で自分が負け犬のように感じるのはよくあることですが、〈楽観の力〉と〈創造する力〉を活かして「あの恋愛関係から、自分が何を求めているのかがよくわかった。あれで正解だった」「また次の恋が見つかるわ！」と前向きになれます。

社会科学者でセラピストのポーリン・ボス博士も、煮え切らない喪失や悲しみに対処するために同様のガイドラインを示しています。

「喪失から意味を見いだす。コントロールできない状況をコントロールしたいという欲を捨てる。喪失の後にアイデンティティを再構築する。あいまいな感情に慣れる。失ったものや誰かとの関係を再定義する。新たな希望を見いだす」

場面：自分がしたことで批判される
必要とされる〈一番の強み〉：〈創造する力〉〈自分を支える力〉

負のスパイラルとさよならしましょう。私たちが調査した女性のうち、批判に上手に対処できると感じている人は3分の1未満でした。

多くの女性は何か指摘を受けると、「内なる批判者」が自分に抱いている最悪の恐れが本当だったと確信したり、人からどう思われているか（相手を失望させている／相手に嫌われている／相手に批判されている）という不安を募らせたりします。

〈創造する力〉は、フィードバックをアイデアの成功を改善する便利なツールと見なすときに役立ちます。〈自分を支える力〉はフッ素樹脂加工の鎧のように、批判を個人的に受け止めずに流してくれます。〈自分を支える力〉は「自分は十分足りている」という確固たる信念に根差しているので、批判を好意的に受け取り、叱責ではなく長所についての公正な評価だと捉えます。

伸ばしたい力④　説得

他者を説得したり揺さぶったりするのに使われる影響力の要素。共通のタスクを達成するために他者の支援を得るためにも使われる。

場面：データを使って答えを守る
必要とされる〈一番の強み〉：〈頭脳の力〉〈成果を出す力〉

ＰＴＡの資金をさらに募るときや、プレゼンテーションを仕上げるときなど、自分の洞察が盤石だと確信したいときは、〈頭脳の力〉を発揮して、あなたの結論が正しいことを確認するために、必要な下調べや深い調査を確実に行ってください。〈成果を出す力〉は、指標の完全性を重視し、答えを裏付ける際に最高の基準を満たす、または超えることを望みます。

場面：自分の考えを説明したり擁護したりする

必要とされる〈一番の強み〉：〈創造する力〉〈楽観の力〉

〈創造する力〉は、アイデアのパワーと未来のビジョンを明確に表現できる能力に支えられています。自分のアイデアを説明する必要があるときに、この能力を使うと、あなたが見ているものを他の人に理解してもらいやすくなります。自分のアイデアを擁護するという点では、〈楽観の力〉は、フィードバックを前向きに捉えることも含めて、道の先にある最良のものに目を向ける能力です。思考が前向きであれば、あなたのアイデアが成功する可能性が高まります。

場面：人にアドバイスやコーチングをする

必要とされる〈一番の強み〉：〈主導する力〉〈目立つ力〉〈創造する力〉

〈主導する力〉を〈一番の強み〉に持つ人は、チームメンバーの才能を全体の計画にどう活かすかを見通し、それぞれの能力を最大限に引き出す指導力に長けています。〈目立つ力〉が認識力と物語を伝える力を高めるため、具体的で感情的につながり合えるフィードバックを与えることができます。〈創造する力〉を持つ人は、専門的知識を活かして、他の人が挫折を乗り切るのを助けることができます。反復作業に抵抗がなく、批判に粘り強く対処できます。未来を思い描くのが得意なので、進路を想像する際に助け舟を出すことができます。

場面：人材を管理する／人に指図する
必要とされる〈一番の強み〉：〈成果を出す力〉〈主導する力〉

人を率いて結果を得るためには、チームワークが不可欠です。〈成果を出す力〉と〈主導する力〉がある人は、目標達成のために協力することや、目的地に到達するために同じ方向を目指すことの大切さを理解しています。
〈成果を出す力〉が使える人は、意志が強く、行動を重視するので、タスクを公平に配分し、完了するための指標を明確に示すことができます。〈主導する力〉を活かせる女性は、目指す北極星を中心にコミュニケーションを図り、団結し、人をやる気にさせるので、人を従えることができます。

場面：ビジネスや慈善活動のために資金を集める

必要とされる〈一番の強み〉：〈成果を出す力〉〈主導する力〉〈目立つ力〉

目的主導のゴールがある場合、〈成果を出す力〉の持ち主は、ゴールに到達する（または超越する）ことがモチベーションになります（例：募金の到達度がわかるメーターがあり、努力すればメーターが上がるのを見て満足感を得る）。ここに〈主導する力〉と〈目立つ力〉が加わると、取り組みの背後にある説得力のある物語を伝え、大義の周りに人を集めることができ、さらに効果が増大します。このような手法は投資を募るプレゼンテーションによく見られ、人の心をつかむためには、3つの強みすべてが必要です。

場面：あるテーマの専門家になり切る
必要とされる〈一番の強み〉：〈主導する力〉〈目立つ力〉〈創造する力〉

女性は時々、自分の専門性を疑ってしまいます。

「男性が自分を疑うことはあるのか？　もちろんです。でも、それほど厳しくもなければ、反復する熱意もありません。それに、女性のように頻繁に疑いを抱いて行動を止めることはありません」

これは、クレア・シップマンとカティ・ケイが2014年にアトランティック誌に寄稿したエッセイ「自信のギャップ」からの引用です（後に書籍として刊行された『なぜ女は男のように自信をもてないのか』（CCCメディアハウス）はベストセラーになりました）。女性は、本当に自分がそのテーマに適任なのかを疑問に思ったり、おそらく完璧主義なために、まだ研究や行動が足りていないと考えたりしがちです。

自信を持って専門家の役割に踏み込むために、〈主導する力〉と〈目立つ力〉が役に立ちます。この2つの能力によって、ストーリーテリングの力と威厳を持って伝える力がレベルアップします。〈創造する力〉は新たなひねりを加えることに役立ちます――未来を新たに創造する人は、多くの場合、自分の分野のトップに立っているのです！

場面：計画やアイデアを売り込む
必要とされる〈一番の強み〉：〈目立つ力〉〈自分を支える力〉

〈目立つ力〉は、売り込みに最も関連が強い能力です。なぜなら、聴衆を引きつけて、説得力のある方法でアイデアを共有できる外向的な能力だからです。でも、いつ売り込みを終了すればよいでしょうか？〈自分を支える力〉を使えば、話しすぎてセールスを逃すという失敗を防げます。それは、計画やアイデアの強さを心から信じる才能です。自信があれば、喜んで自らテーブルを立ち去ることさえできます。

場面：聴衆の前で自分語りをする／人前で話す／スピーチをする
必要とされる〈一番の強み〉：〈主導する力〉〈目立つ力〉〈創造する力〉

聴衆の前に立つことを快適に感じる女性は、わずか3分の1です。結婚式のスピーチから仕事の会議に至るまで、そのような状況に置かれると、手に汗をかき、胃がざわつき、口が乾くのは、そういう訳なのです。

この3つの強みは、あなたの大切な瞬間にカリスマ性を効果的に発揮するのに役立ちます。〈主導する力〉はスピーチの流れを意識する（「今日は3つの点を共有したいと思います」）のに役立ち、〈目立つ力〉は聴衆を引きつける（品格があり活き活きとした声、表情、ジェスチャーを使う）のに役立ち、〈創造する力〉は素晴らしいストーリー（個人的で、情熱を込めた、アイデア主導型の）の基礎を形成する想像力とひらめきをもたらします。

伸ばしたい力⑤　レベルアップ

自分が快適に過ごせる範囲（コンフォートゾーン）を出て新しいチャンスに挑戦する。ある程度の拒絶や失望や批判といったリスクにさらされる場合もある。

場面：新しいプロジェクトを始める
必要とされる〈一番の強み〉：〈頭脳の力〉〈与える力〉

自ら始める人は〈頭脳の力〉を備えています。明確に定義されたプランに火をつけて、率先して始めることができるのです。〈頭脳の力〉を持つ人は、完了させるべきタスクの概要を説明して「さあ、取りかかりましょう」と自信を持って伝えます。先に続く道が周到に計画され理にかなっているからです。〈与える力〉を上乗せすると、信頼性と頼もしさが伝わり、これがあらゆる取り組みの最良の基盤になります。

場面：新しいアイデアを思いつく
必要とされる〈一番の強み〉：〈創造する力〉〈成果を出す力〉

〈創造する力〉は、新しい余白にチャンスを見いだして追求するような、自由なスペースの中で思考をめぐらせる能力です。〈成果を出す力〉は「完璧になるための練習」が快適にできる能力です。この強みを持つ人は、うまくいかないことがあれば、もう一度試します……何度でも。そんな試行錯誤から、成功につながるかもしれない次のアイデアを探す忍耐力が生まれます。

この2つの〈一番の強み〉の組み合わせは、スポーツの世界で見られます。監督と選手は、自分のチームと対戦相手の強みと弱点を知るために、何時間も延々と試合の録画を確認し、微調整をしたり打開策を練ったりします。

場面：新しい人に会う
必要とされる〈一番の強み〉：〈目立つ力〉〈自分を支える力〉〈楽観の力〉

プライベートでも仕事でも、知らない人に会うときに、この3つの強みのいずれかを持っていれば、自信がレベルアップします。

〈目立つ力〉が社交力と新しい人に関わる熱意（気の利いた質問をする、楽しい話をシェアする、など）を引き出します。〈自分を支える力〉はおじけづく気持ちから解放される能力です。この強みを持つ人は、自意識が強く、人に好かれるかを心配してエネルギーを費やすことがありません。〈楽観の力〉の持ち主は、他人と状況の最も良い部分に目を向けます。新たな人との出会いには理由があると信じるのです。

場面：プロジェクトを率いる
必要とされる〈一番の強み〉：〈主導する力〉〈目立つ力〉〈頭脳の力〉

プロジェクトを主導するにあたり、〈主導する力〉は最高の自分を確実に感じるために何よりも必要な能力です。〈目立つ力〉を使って他人を感情レベルで巻き込むことができれば、成功はさらに増大します。〈頭脳の力〉が構造の設定に役立ち、物事を動かし続けてくれるので、〈主導する力〉と〈目立つ力〉のマイナス部分（タスクを効率よく完了するのが苦手）を相殺《そうさい》してくれます。

場面：勝ちを競う（例：賞、昇進、試合）
必要とされる〈一番の強み〉：〈成果を出す力〉〈主導する力〉〈目立つ力〉

競争の核心にあるのは、大切な目標地点に到達すること、そして認められて評価されることです。だから、この3つの強みが勝ちを競うときの有効性を高めるのは、意外ではありません。〈成果を出す力〉は測定可能なゴールに焦点を合わせ、何がなんでも勝つという願望を持ちます。〈主

導する力〉はグループを魅力的な目的地へと導き、〈目立つ力〉は聴衆の評価を楽しみます。そ

れぞれの能力が、あなたがゴールを決める後押しをしてくれます。

場面：物語を書く・芸術作品を創作する

必要とされる〈一番の強み〉：〈創造する力〉〈主導する力〉

空白のページやキャンバスを見つめていると、ひるんでしまう人は、〈創造する力〉を使って、自由なスペースの中でアイデアを生み出しましょう。この能力がある人は、想像の世界に浸り、新しいワクワクする場所に心をさまよわせることを快適に感じます。〈主導する力〉は、紙にペンを走らせる目的と方向性を与えてくれます。自分語りの天性の才能があり、一歩引いて物語や芸術作品の背後にある理由を理解することもできます。

ある友人は、夫に現代美術の解説をするはめになりました。夫が、ある立体作品を見て「これなら僕にもできる」と言い放ったのです。友人はこんなふうに応じました。

「でも、あなたは作らなかった。このアーティストは、まずアイデアをひらめき、そのビジョンを採用し、世に送り出す勇気があった。あなたにはその独創力がなかった。アイデアに価値があり、それを世に発表した勇気に価値があるのよ」

場面：知り合いが誰もいないイベントに出かける

必要とされる〈一番の強み〉：〈目立つ力〉〈主導する力〉〈自分を支える力〉

会合（またはパーティやフィットネスのレッスン）にひとりで出席するときには、外向的なスキルを発揮することが必要です。〈目立つ力〉は、他人のエネルギーに価値を見いだし、質問をし、自己紹介をし、交流に心から関心を持つことを求めます。〈主導する力〉は人のモチベーションを高め、明確なコミュニケーションを図るので、知り合いがいない集団で自己主張をするときに役立ちます。〈自分を支える力〉は、自分がそこにいていいという意識を与えてくれます――そうです、招待を受けて来たのですから！

場面：頼みごとをする

必要とされる〈一番の強み〉：〈楽観の力〉〈自分を支える力〉

頼みごとをするとき、自分の「内なる批判者」が次の展開を想定し（断られる、返事がない）、依頼する相手の判断に傷つくのが怖くなってしまいます（助けが必要であることに屈辱や罪悪感を持つ）。〈楽観の力〉と〈自分を支える力〉があれば、「内なる批判者」の反対意見を乗り越えることができます。

〈楽観の力〉の持ち主は「すべての出来事には理由がある」と信じているので、依頼することに害はないと考えます。最終的にはなんとかなるからです（最悪、断られるだけだし、だったら縁がなかっただけ。次に行こう！）。〈自分を支える力〉は批判される恐れをかき消します。なぜなら、自己信頼に基づいて依頼するからです（「たとえ答えがノーであっても、自分への信頼は揺るがない」）。

場面：昇進を求める
必要とされる〈一番の強み〉：〈成果を出す力〉〈主導する力〉〈目立つ力〉〈創造する力〉

昇進を実現するために、さまざまな自己主張の戦略を使うことができます。一番良いのは、昇進の要求を二者間の交渉のように感じさせずに、全員にとっての最善の結果を生み出すために共に取り組んでいる感覚を創り出すことです。

〈成果を出す力〉を使って、昇進の事例としてあらゆる勝利や成功のデータ収集をする。〈主導する力〉を発揮して、この昇進が全体的な戦略に沿ったものであり、自分が貢献できることを主張する。〈目立つ力〉の見事な自分語りで、昇進のメリットを売り込む。〈創造する力〉を活用すれば、将来のビジョンに照らして（リスクを恐れずに）昇進を依頼するのに抵抗がなくなるでしょう。

どの〈一番の強み〉を使うかは、誰に決定権があるかや、相手との関係性によって異なります（これについては、次章で他人の〈自信の言語〉を読み取る際に詳しく説明します）。

場面：昇給を求める
必要とされる〈一番の強み〉：〈主導する力〉〈自分を支える力〉

お金が絡む場合は、「なめられない」威厳を出すことが特に大切です。〈主導する力〉と〈自分を支える力〉は共に、労力と報酬の公正なバランスを堂々と、謝罪せずに求めるときに役立ちます（「これが私の市場価値であり、その価値が給料に反映されるべきです」）。〈自分を支える力〉が、自分には価値があり、昇給にふさわしいというマインドセットを固めるのに役立ち、〈主導する力〉が堂々と要求を伝えるツールを授けてくれます。おそらくそれが、この2つの強みを持つ人が、承認と報酬の面で（賞、昇進、給料、福利厚生）最も満足度が高い理由でしょう。ビジネス啓発本作家のバーバラ・ヒューソンは、次のように述べています。

「もっと多くを要求するなら――それが賃金でも、柔軟な勤務時間でも、角部屋でも――自分に価値があると心から信じる必要があります。もっと多くを要求することは、自己愛の行動です。決着を拒否することは、自己価値の表明であり、立ち去ることは自信の表れです」

場面：自分のビジネスを始める
必要とされる〈一番の強み〉：〈自分を支える力〉〈主導する力〉〈目立つ力〉〈創造する力〉

私はよく、自分のビジネスを始めるまでの過程についての質問を受けます。私からのアドバイスは、次のようになります。

まずは、準備が整っていると心から感じるために、①業界のノウハウ、②リソース（お金、時間、才能）、③ネットワーク（あなたを助けてくれる頼れる人）の3つの変数を解決すること。最低2つがそろっていて、3つ目の目途《めど》が明確についている（例：その業界の勤務経験と深い知識があり、助けてくれるメンターが複数いて、貯金がある／資金集めができる）場合は、準備オーケーです。

始めるために必要なものはすべて自分にあると肯定し、取りかかる際に自分の能力を疑わないのが〈自分を支える力〉です。なぜなら、挫折に直面すると頻繁に自問しますし、自分を落ち着かせる必要があるからです。

次に、独立して仕事をする際に、方向性を定め、自分の計画を実行し、他の人を結集させるために〈主導する力〉を使います。コンセプトを顧客や販売業者や投資家に売り込む際には〈目立つ力〉を頼りましょう。そしてもちろん、ゼロから何かを生み出す基盤は〈創造する力〉です。

〈主導する力〉〈目立つ力〉〈創造する力〉〈自分を支える力〉を鍛えるメリット

「効果的な実行」から「レベルアップ」へと移行するにつれて、女性は能力の足りなさを感じ、快適に過ごせるコンフォートゾーンを出る必要性に迫られます。女性はたいていの場合、「効果的な実行」「感情的サポート」「タスクの完了」「人を慰める」といった状況を最も快適に感じます。

女性は欠点を認める、平静を保つ、人を管理する、防御策を講じるといったことを得意に感じ、喪失から立ち直る、批判される、公の場の活動でパフォーマンスを行うといったことを苦手と感じています。そのため、レジリエンスや説得の領域に関しては、多くの女性の快適度は低から中の範囲です。

では女性にとって最大の難所は？　「レベルアップ」です。**自己主張をすること、そして功績や潜在能力を認められることを快適と感じる女性は3分の1未満であり、ほとんどの場合は、定義された範囲や他人の安らぎを念頭に置いた活動が基本なのです。**

なぜこのようなパターンが見られるのか？　コンフォートゾーンから出ると、「内なる批判者」が顔を出し、失敗するぞと警告するからです。聴衆や上司の前で自分自身をさらけ出す必要があるので、羞恥心や自己批判や恥ずかしさや罪悪感といった感情に傷つきやすくなります。

例えば、私たちの調査から、女性は全体的にアイデアを思いつく能力は高いのに、そのアイデアから報酬や評価を得ることに苦労していることがわかりました（ただし、その一部は組織的な偏見に起因しているように思われます）。このようなリスクが高く報酬が高い状況で成功と最も相関性が高いのが、〈主導する力〉〈目立つ力〉〈創造する力〉〈自分を支える力〉です。

こういった、女性が最も抵抗を感じる分野の〈一番の強み〉を持っている女性は、最も少数派です。次の見開きページの表のまとめをご覧ください。

簡単に言うと、あなたのスキルの貯蔵庫にいずれかの資質を加えると、あらゆる状況で得意と感じるレベルが2倍から3倍になり、仕事と私生活の両方での満足度が最大2倍も上昇するのです。例えば、〈一番の強み〉に〈与える力〉しか持たない女性と〈与える力〉＋〈主導する力〉を持つ女性を比較すると、後者のほうがあらゆる面での快適度が上がり、リスクの高い状況においては2倍または3倍になります。これを視覚的に表したのが、250ページのグラフです。

満足度は、新たな〈一番の強み〉を取り入れることで増加します。〈与える力〉に加えて〈主導する力〉を持つ女性は、〈与える力〉だけの女性に比べて、全体の満足度が2倍です。さらに、自己主張の能力が高いと感じる傾向にあります。世界最強レベルの組み合わせが、この〈与える力〉と〈主導する力〉のコンビネーションです。

このグラフはさまざまな状況における快適さ／能力を〈与える力〉のみと〈与える力〉＋〈主導する力〉の持ち主で比較しています。

〈一番の強み〉を追加することの累積効果は絶大です。**女性に最も多く見られる〈一番の強み〉**

3	4	5
レジリエンス（忍耐力）	説得	レベルアップ
自分の誤りを認める		新しいプロジェクトを始める
自分の誤りを認める 悪い状況で平静を保つ	データを使って答えを守る	プロジェクトを率いる 新しいプロジェクトを始める
喪失や失敗から立ち直る	データを使って答えを守る 人材を管理する／人にすることを指図する ビジネスや慈善活動のために資金を集める	昇進を求める 新しいアイデアを思いつく 勝ちを競う（例：賞、昇進、試合）
自分の誤りを認める 失望を手放す 悪い状況で平静を保つ	自分の考えを説明したり擁護したりする	頼みごとをする 新しい人に会う
自分がしたことで批判される 失望を手放す	自分の考えを説明したり擁護したりする 人にアドバイスやコーチングをする あるテーマの専門家になり切る 人前で話す／スピーチをする 聴衆の前で自分語りをする	昇進を求める 新しいアイデアを思いつく 自分のビジネスを始める 物語を書く・芸術作品を創作する
自分がしたことで批判される 悪い状況で平静を保つ	計画やアイデアを売り込む	頼みごとをする 昇給を求める 知り合いが誰もいないイベントに出かける 新しい人に会う 自分のビジネスを始める
喪失や失敗から立ち直る	人にアドバイスやコーチングをする あるテーマの専門家になり切る 人材を管理する／人にすることを指図する 人前で話す／スピーチをする ビジネスや慈善活動のために資金を集める 聴衆の前で自分語りをする	昇進を求める 昇給を求める 勝ちを競う（例：賞、昇進、試合） 知り合いが誰もいないイベントに出かける プロジェクトを率いる 自分のビジネスを始める 物語を書く・芸術作品を創作する
	人にアドバイスやコーチングをする あるテーマの専門家になり切る 人前で話す／スピーチをする ビジネスや慈善活動のために資金を集める 計画やアイデアを売り込む 聴衆の前で自分語りをする	昇進を求める 勝ちを競う（例：賞、昇進、試合） 知り合いが誰もいないイベントに出かける プロジェクトを率いる 新しい人に会う 自分のビジネスを始める

あなたが最も得意・自信を感じる状況	1 効果的な実行	2 感情的なサポート
与える力（48%）	タスクやプロジェクトを完了させる 非常に厳しい締め切りに取り組む	悲しんでいる人を慰める 家族の病気に対処する
頭脳の力（44%）	タスクやプロジェクトを完了させる 非常に厳しい締め切りに取り組む	家族の病気に対処する
成果を出す力（36%）	タスクやプロジェクトを完了させる 非常に厳しい締め切りに取り組む	
楽観の力（35%）		悲しんでいる人を慰める 誰かに悪いニュースを伝える
創造する力（28%）		
自分を支える力（21%）		
主導する力（13%）		誰かに悪いニュースを伝える
目立つ力（12%）		誰かに悪いニュースを伝える

〈与える力〉のみと〈与える力〉＋〈主導する力〉の持ち主の割合

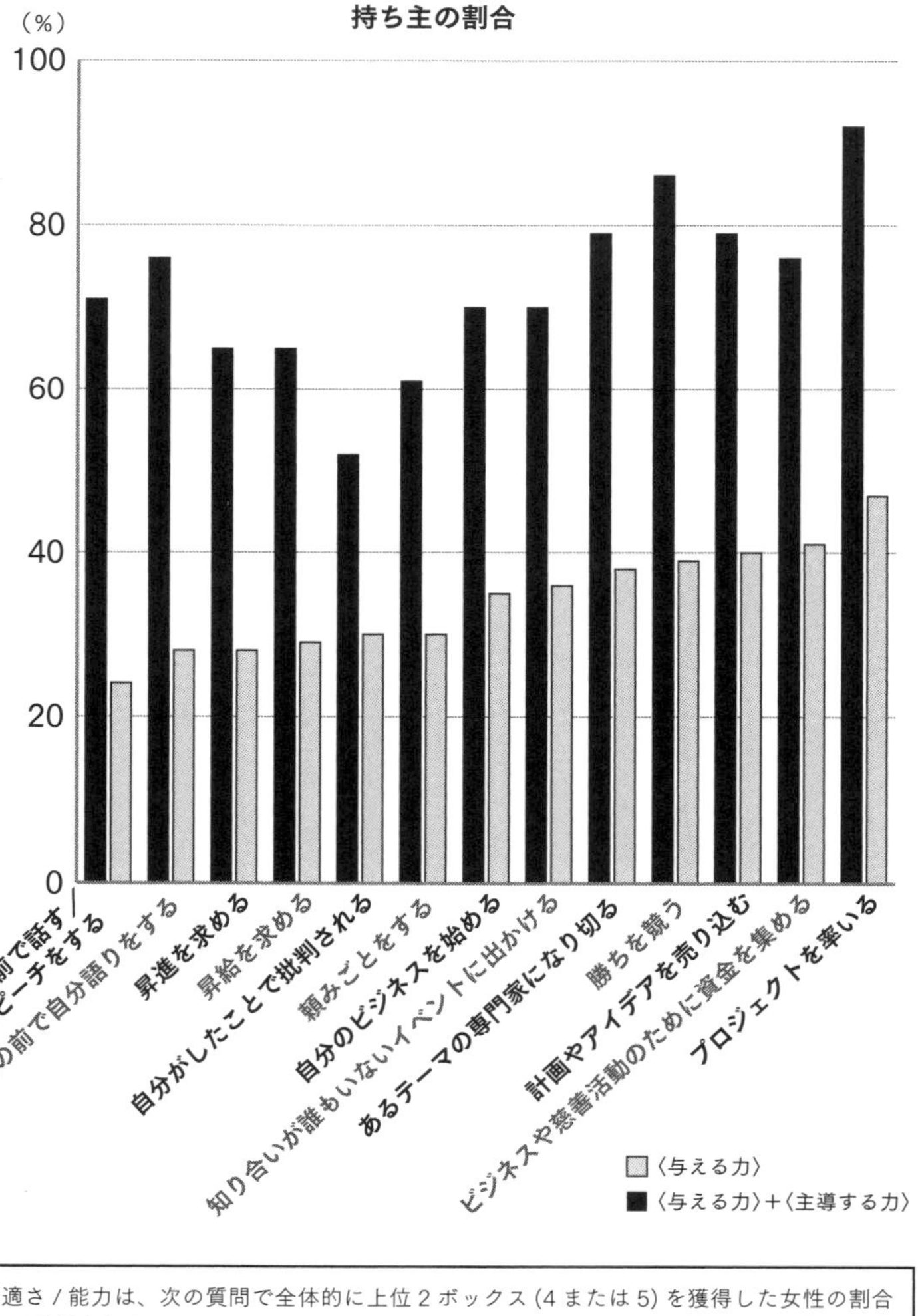

＊快適さ／能力は、次の質問で全体的に上位２ボックス（4 または 5）を獲得した女性の割合として定義される。
質問：この状況に対処できるかどうかについて、どの程度の能力または快適さを感じているかを１から５のスケールで評価してください（1= まったく快適または有能ではない、5= 非常に有能または快適に感じる）。

の組み合わせに第3の資質として〈自分を支える力〉を加えると、満足度が全面的にほぼ2倍になります。

こういった〈一番の強み〉は、現在の組織構造の中で企業での出世の階段を上るときに、女性に強く求められる能力です。女性にとって最もハードルが高い昇進は、中間管理職を経て上級リーダーの地位に就くことです。「厄介な中間期」とも呼ばれるこの時期に、多くの女性は組織的な障壁や偏見に直面して押し戻され、職場だけではなく家庭においてもさらなる責任を求められます。

私たちの調査によると、中堅から上級の役職に昇進するにあたり、成功を収めるために必要な〈一番の強み〉は、〈主導する力〉〈目立つ力〉〈創造する力〉〈自分を支える力〉の4つです。そして年配の女性、とりわけ56歳以上の女性の大半は、〈創造する力〉と〈自分を支える力〉のスコアが最も高いことがわかりました。経験から得た知恵が豊富なこのグループは、最も自信があり包容力があるのです。

4つの〈一番の強み〉は起業との関連性が高いことも注目すべきポイントです。自分の情熱を追求する手段として、または現在の環境への不満を和らげるために独立するというわけです。

現時点で勝ちを収めるためには、〈主導する力〉〈目立つ力〉〈創造する力〉〈自分を支える力〉が必要です。ミカ・ブルゼジンスキーは著書『Know Your Value（自分の価値を知る）』の中で、女性に次のことを勧めています。

◇昇給を抵抗なく求めるために、人前で話す練習をする
◇交渉の席での信頼感を得るために、上司と心を通わせる
◇決して謝罪しない
◇「ノー」と言われても動揺しない

なめられない人は使っている5つの対人スキル

〈主導する力〉〈目立つ力〉〈創造する力〉〈自分を支える力〉の4つの強みは、成功に直結しています。この章と第4章のワークを補完するために、実践する方法を5つご紹介します。

対人スキル① 自己紹介に「編集は不要」

インパクトを与える自己主張をする第一歩は、わかりやすくストレートな自己紹介をすることです。**自分が何者で、何を支持していて、何が欲しいのかをはっきりと伝えましょう。**編集したり考えすぎたりせずに、あなたの強みをずばり表明してください（第5章の診断テストを受けて練習していれば、パッとできるはずです）。次に、あなたの人生のストーリーを3つ

の箇条書きにしてください。

◇私はこの世界で（　　　　　　　　　）な存在だ
◇私は（　　　　　　　　　）にワクワクする
◇私の望みは（　　　　　　　　　）だ

書けましたか？　この3つはあなたの第二の天性です。〈主導する力〉〈目立つ力〉〈創造する力〉〈自分を支える力〉の根底にあるのは、方向性の設定と自己紹介です。だから、ぶれない言葉で自分を語ることから始めるのが最適なのです。昇進を求めたり、聴衆の前に出たりする前に、自分（と人生のストーリー）を快適に感じられるようにしましょう。

対人スキル②　サポートを受けて訓練する

スキル習得に必要なのは、1万時間の集中的な訓練――この「1万時間の法則」は、マルコム・グラッドウェルが著書『天才！　成功する人々の法則』（講談社）によって一般に知られることになりました。(1)習得には時間がかかります……そして訓練が必要です。重要な話をするときは、時間をかけて練習しましょう。ちなみに私はスピーチをする前日に鏡の前で3回から5回のリハーサルをします。

もうひとつ大切なのが、教師の存在です。1万時間の法則の研究者のひとり、アンダース・エリクソン教授は、**訓練は大切だが、最も効果的なのは教師の指導を受けて入念に練習することだと語っています。**教師が専門知識を与え、的を絞った分野での上達をサポートするのです。

私は初めてテレビのインタビューを受ける際に、テレビジャーナリストである友人のヘザーとマークに電話をして助けを求めました。2人はアドバイスをしてくれた上に、リハーサルにも付き合ってくれました。ヘザーはさらに、練習用のスタジオで私を撮影して、一緒に動画をチェックしながら細かい指摘までしてくれました。

対人スキル③　別の場面にも応用する

〈主導する力〉〈目立つ力〉〈創造する力〉〈自分を支える力〉のいずれかを生活の中で使うことが快適になってきたら、それを別の場面で使うことができないか考えてみましょう。私は女性に給料の交渉の準備についてアドバイスをするときに、お子さんがいる女性には、こんなふうに問いかけます。

「あなたのお子さんが学校でいじめられていたら、どうしますか？　校長室に乗り込んでいくあなたは、いわば子熊を守る母熊ですよね？　子どものために闘うときと同じように、自分の価値

を表明して当然のことを要求してください」

これらの〈一番の強み〉を持っているのに、自分のために発揮できないこともあります。友人のセシリアは、住宅の管理組合のリーダーとして、これまで〈主導する力〉と〈目立つ力〉を発揮してきたことに気づきました。彼女にとっては、これはローリスクで積極的なスタイルを試すことができる環境であり、同じスキルを昇給の交渉にも使えると感じたそうです。

自分のバージョンをいくつも使い分けるには、かなりのエネルギーが必要です。〈一番の強み〉を全部そろえて、ひとつのバージョンだけで、人生のあらゆる面に備えたほうが効率的だと思いませんか?

対人スキル④ 「ひとつだけ」を味方にする

私はマッキンゼー時代、「ひとつだけノート」を持ち歩き、「私について、改善できる部分とその方法を〈ひとつだけ〉挙げてください」とずばり質問するようにしていました。というのも、「何か私についてフィードバックがありますか?」という相手任せの質問では、「よくできていますので、そのまま続けてください」「今はありませんが、後ほどお伝えします」といったあいまいな反応しか引き出せないと気づいたからです。

どんな人でも、ひとつだけなら、改善点や対処法を思いつくことができます。私はノートにこうした「ひとつだけ」を書き留めて、スキルを習得するたびにバツ印で消していきました。ビジネスアナリスト時代のこのノートを、スキルを磨き続ける方法を思い出すために、今でも持っています。

ぜひ、〈主導する力〉〈目立つ力〉〈創造する力〉〈自分を支える力〉を持っている知り合いを訪ねて、成功の秘訣を「ひとつだけ」教えてもらい、その人が考える、あなたが磨くべき部分を「ひとつだけ」教えてもらってください。尋ねる相手が上司や同僚であれば、あなたが積極的に改善の努力をしているというシグナルを送ることにもなります。するとあなたの学習の過程に気づいて、関わっているように感じ、習得したスキルを発揮したときに、評価してくれることでしょう。

対人スキル⑤　○○さんならどうする？

プライベートや職場の知り合いで、〈主導する力〉〈目立つ力〉〈創造する力〉〈自分を支える力〉の4つの強みの少なくとも1つを持っている知り合いがいるのではないでしょうか。友人のモニカは内向的な性格で、プレゼンを行うときは「**こんなとき、リサ（私です）ならどうする？**」とよく考えるそうです。

私がこれまで、友人や仲間の誕生会で数えきれないほど乾杯の音頭を取るのを見てきたモニカは、最近、あるイベントで乾杯の音頭を取ることになり、「リサなら〈主導する力〉〈目立つ力〉〈創造する力〉を使ってどうやるだろうか」と想像したそうです。あなたの周りの人の〈一番の強み〉に注目してみましょう（この練習については、次の章でもう少し説明します）。

私たちの旅は続く

この章の終わりに、私自身も「品格に満ちた、なめられない私」へ向かう旅が進行中であることをお伝えしたいと思います。この数年、診断テストを何度も受けて、自分の強みを評価したり、チェックマークをつけたり、状況の表に○をつけたりしてきました。今の私はどの地点にいるかというと、〈楽観の力〉と〈自分を支える力〉の強化に取り組んでいます。この2つの強みが、私が最も得意とする分野のネガティブ面のバランスを取ってくれるのです。

非常に個人的なことをシェアさせてください（これまでオープンにしていなかったことです！）。私は2021年、5年間付き合ったボーイフレンドと破局しました。これまでも破局の経験はありましたが、今回は人生で一番辛い出来事でした。というのも、コロナ禍で会社の方向転換をする重圧のせいで、自意識がすでに粉々になっていた時期だったからです。別れたとき、私は自分を責めました——自分の何が悪かったのか、もっと違うことができたのかと自問しました。

まだ傷が癒えていないある夜、私は女性メンターのグループとの夕食会に出かけました。全員が少し年上です。いつもは仕事の話をするのですが、そのときは、それぞれが自分の恋愛について打ち明け話をしました。グループの半数が離婚を経て再婚しており、40代半ばに夫を見つけた人も何人かいました。そのひとり、ビビアンがこんなことを言いました。

「最初の結婚が終わって、働くシングルマザーとして幼い2人の娘をひとりで育てることになり、将来に何を望むかを考えたの。両親についての思い出が頭に浮かんだわ。毎晩夕食が終わると、父は台所に立つ母に両腕を回して、どんなに母を愛しているかを伝えていたの。父が亡くなる日まで、毎晩そうしていた。私は〈これこそが私の望みであり、私にはその価値がある〉と思い、二度目の結婚で見つけた人は、そういう人だったの。リサ、また素敵な人が見つかるわよ」

私にとって、この言葉に耳を傾けて信じることが大切でした。その夜、彼女たちは私の中の〈楽観の力〉に火をつけてくれ、私は最後の恋愛から何を学び、次の恋愛に何を望むのかに思いをはせました。その一方で、私は〈自分を支える力〉をかき集めて自分の価値を再確認し、勇気を出して初めてオンラインデートの世界に足を踏み入れました(この強みは非常に役に立ちます。デートアプリでは、何があっても、とりわけブロックされたりマッチングしなかったりしたときに、気にしすぎないことが大切です!)。

これは、私たちが経験によって成長している証拠です。私の場合、他の〈一番の強み〉を活用することが、孤立感や不安に対処するのに役立ちました。皆さんにお伝えしたいのは、私がこういったすべての経験を通じて強くなったということです。

どんな喪失や悲しみがあっても、負けてたまるかと立ち直ることができるのです。3年間にわたって2398人の被験者を対象にした「私たちを殺さないもの：生涯に累積する逆境、脆弱性、回復力」の研究によると、**「逆境の出来事」を経験した人は、経験しなかった人に比べて、メンタルヘルスが強く、より健康であることが明らかになりました。**(3) それに、逆境の出来事を経験しない人なんていないでしょうか？

本書で〈一番の強み〉のスキルを学んでフルに活用できれば、これから何が起きても今までよりも上手に対処できるようになります。次の章では、このスキルセットが人生を通じて重要な人間関係を構築するのにどのように役立つかを見ていきます。

第7章 「つながりの力」を手に入れる

ここまで、本書の大部分は、自己チェックに焦点を当ててきました。何が自分を動かすのかを考え、自分の強みを信頼し、新しいスキルを伸ばし、最終的に、自分自身との関係性を強化して慈しむ。心の底から自信を持ち、前に出て自己主張をし、評価されていると感じる——これはかなり大変な作業です。

ここからは、他の人に目を向けてみましょう。私たちはどのように人を見て、有意義な関係を築くのか。

または、ブレネー・ブラウンの著書『「ネガティブな感情《こころ》」の魔法：「悩み」や「不安」を希望に変える10の方法』（三笠書房）の言葉を借りれば「見られ、聞かれ、大切にされていると感じるとき、批判せずに与え受け取ることができるとき、その関係性から栄養や強さを取り出せるときに、人と人との間に存在するエネルギー」について。

〈自信の言語〉というレンズを通して他の人を見ると、プライベートでも職場でも、自分の人生に重要な人たちと上手につながることができます。**私たちはそれぞれ異なる〈自信の言語〉を持っ**

ているので、他人の強みを知ることで、さらに強固な人間関係の土台を築くことができるのです。

他人の〈一番の強み〉を理解して尊重できれば——そして、相手もあなたに対して同じことをすれば——ひとりひとりとのつながりが強まり、コミュニケーションがスムーズになり、共通点を見いだして、対立を解決することができます。人は、尊重されていると感じ、感謝されると、ストレス反応が改善して、回復力とパフォーマンスが向上します。(1)

そのサイクルを繰り返せば、つながりは自動的に強化されていきます。相手の〈一番の強み〉を特定することで、その人との絆を深めることができ、あなたの自信もさらに高まります。人との絆を強めることは、メンタルの健康にも欠かせません。(2)

際限なくメールやテキストメッセージやSNSやDMが流れてくる時代には、効果的なコミュニケーションが今まで以上に重要になるのです。

まずは、強い絆づくりの2大要素である「信頼と共感」について理解を深め、〈自信の言語〉の概念を使いながら、この2つを実現する方法を見ていきましょう。

すべては信頼から始まる

ビジネス管理の専門家であるパトリック・レンシオーニは、最も効率的なチームを説明する理論を編み出しました。効率的なチーム作りには「レンシオーニの信頼のピラミッド」の要件を満

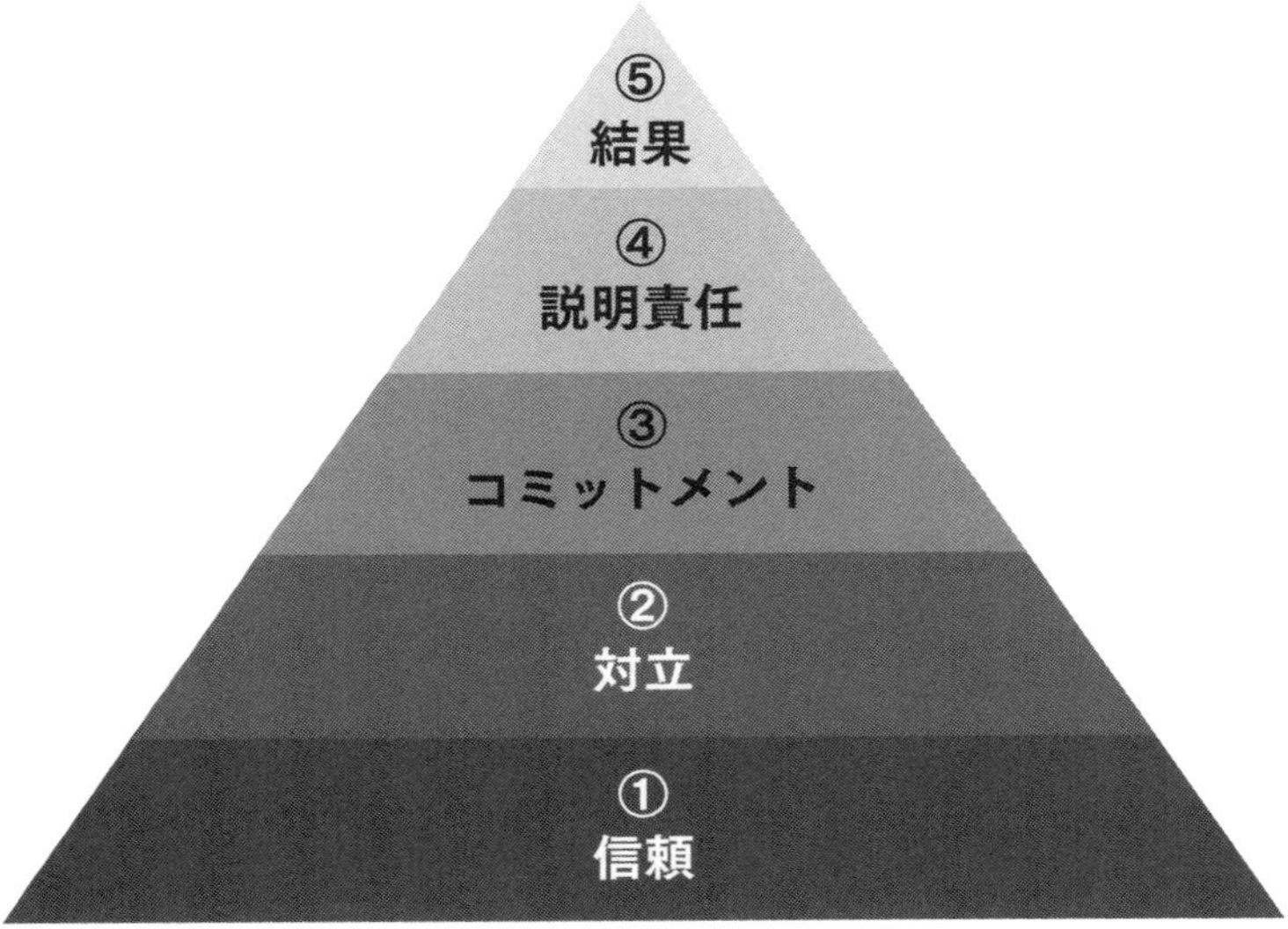

たすことが必要なのですが、このピラミッドの5つの層の一番下にある最も大きな土台こそが「信頼」なのです。

信頼という土台の上に、他の4つの層が積み上がります。対立、コミットメント、説明責任、結果です。これらすべてが合わさって、強固な関係とチームの基礎を形成するのです。彼のモデルは役員室向けに作られましたが、オフィスの外でも同様に機能します。というのも、すべての人間関係は信頼から始まるからです。

信頼があれば、あらゆることが調和します。アイデアについて生産的な議論ができますし、意思決定や行動計画にコミットし、互いに責任を負い、結果に到達することに集中できます。全員が勝者です。

ところがチーム(またはパートナーや家族)

の1人以上が信頼を欠いてしまうと、チームは崩壊します。心を開く気分になれず、チームの成功に必要な他のすべての指標を達成しようと思わないのです。

ほとんどの人は、信頼とは目に見えるもの（約束を実行する信頼性と、有言実行の一致性）だと考えますが、他に不可欠な要素が2つあります。それが受容（相手を尊重し評価する）と寛容さ（フィードバックを歓迎し、遠慮なく返す）です。(3)

相手の〈自信の言語〉に気づくことが、信頼につながる受容と寛容さを生み出すのに役立ちます。言い換えれば、私があなたの強みに気づいて尊重し、私が自分の強みに自信を持てば、互いの絆が強まり、一緒に達成できることが多くなるのです。

他人の〈一番の強み〉に共感する

アメリカの小説家デヴィッド・フォスター・ウォレスは、2005年のケニオン大学の卒業式のスピーチを、金魚鉢の寓話から始めました。

年長の金魚が2匹の稚魚に出会うと、こう言った。

「やあ、おはよう。今朝の水の調子はどうだい?」

すると2匹の小さな金魚は不思議そうに顔を見合わせて、こう尋ねた。

「〈みず〉ってなあに?」

これは、私たち人間が、周囲で何が起こっているかに気づかずに小さな泡の中を動き回っていることの比喩《ひゆ》です。スピーチの後半で、彼は日々の長時間労働を終えて混雑した食料品店に買い物に行く苦痛について語りました。長蛇の列の前にいる女性は電話中で、レジ係の女性は仕事を追いかけるのに必死で、あなたはすべてのことに怒っている。でも、少し時間を取って「水」に目を向け、「自分に選択肢を与えられるほど十分な意識を持てば、異なった視点を選ぶことができ」、前にいる女性をこんなふうに見ることができる。

普段の彼女はこんなふうではないのかもしれない。骨肉腫《こつにくしゅ》で死の床にある夫の手を握り、3夜続けて徹夜をしていたのかもしれない……すべてはあなたが何を考慮したいかにかかっている。現実を知っているつもりで他人や状況を自動的に決めつけて、ありきたりな設定で行動すると、あなたは私と同様に、迷惑で惨めだという以外の可能性を考えないだろう。しかし、注意の払い方をきちんと学べば、他の選択肢があることがわかるのだ。(4)

他人の物語の中に入ることで、つながりの基礎が生まれます。すると、あらゆる行動(と反応)の意義が深まり、インパクトが増すのです。

他人の〈一番の強み〉を理解できるということは、共感力が働いているということです。そこから得られる言語に意識を向けると、自分ではなく他人の視点で世界を見ることができます。フロイトの意識の氷山モデルでは、根底にある価値観や信念の本質を探るためには、目に見えている10％の意識（氷山の一角）よりも下に潜《もぐ》ることが求められます。他人の〈自信の言語〉を理解することで、表面化していないその90％を見ることができます。「水面」だけではなく「水面下」に目を向けるのです。

相手を知ることで人を動かす

〈一番の強み〉という言語を使って、共感しながら相手を観察しましょう。広い心で相手を受け入れ、信頼を築くことができれば、人間関係がもっと有意義になります。

会う人全員に診断テストを受けてもらうことはできなくても（もちろん、そうすれば話は早いです！）、第4章の内容を、あなたの大切な人に質問したり、行動を観察したりするツールとして使うことはできます。また、次のページに、大切な人への理解を深め、強みを知るための質問リストをご用意しました。

他の人の〈一番の強み〉がわかれば、自分にしたのと同じこと、つまり相手を「認めてあげること」ができます。**その人が見てもらえていると感じるように接し、その人を動かす原動力を尊重しましょう。**

大切な人への理解を深め、強みを知るための質問リスト

〈与える力〉	その人は、あなたが辛いときに真っ先に電話する人ですか？
	その人は、あなたにぴったりのプレゼントを選んでくれそうですか？
〈成果を出す力〉	その人は、ゲーム大会に誰よりも真剣に取り組みますか？
	その人は、あきらめないことについての話を共有しますか？
〈目立つ力〉	その人が話をすると、あなたは一言一句に聞き入ってしまいますか？
	その人が近くにいると、あらゆることが楽しくなりますか？
〈主導する力〉	集団で動く際に、その人が責任者ですか？
	その人がプランを立てて推進しますか？
〈自分を支える力〉	その人は、自分自身に満足し、しっかりしていますか？
	その人は、人にどう思われるかを心配しない人ですか？
〈楽観の力〉	その人は、常に他人や状況の最善を見る楽観主義者ですか？
	物事がうまくいかないとき、その人はあなたに「心配しないでください」と言ってくれますか？
〈創造する力〉	その人には、強烈な創造力がありますか？
	その人は、将来のことや、改善するためのアイデア、前人未到のことについての話をしますか？
〈頭脳の力〉	その人は、いつも会話に役立つ面白い情報を持っていますか？
	その人は、意思決定をする前に、テーマについて徹底的にリサーチをしますか？

あなたには〈目立つ力〉に優れた兄弟姉妹がいますか？　だとしたら、その人には観客が必要なので、長めに発言させてあげるといいかもしれません。これが信頼の要素である「受容」です。互いに、相手が繰り出す〈一番の強み〉を尊重して評価するのです。

次に、自分の〈自信の言語〉と相手の〈自信の言語〉がどのように影響し合うかを突き止めましょう。重なる部分と異なる部分が理解できれば、受け入れたり、関わったり、さらけ出したりするスペースが生まれます。

↓共通点を探すには

同じ〈一番の強み〉を持っている場合、それが自分たちの関係の基礎や、物事がうまくいく理由の説明になりますか？　共通の強みが衝突を生むときはありますか？

↓違いを認識するには

互いの〈一番の強み〉が補い合って、優れたパートナーシップを形成していますか？　それとも、意見が合わなかったり、視点が違ったりする理由になりますか？　互いの行動が相手の期待を下回っているように感じられますか？　相手の〈一番の強み〉が自分の〈一番の強み〉を支配しているために、過小評価されているように感じますか？

互いの強みがわかると、行動や反応の選択肢が増えます。270ページの表は「〈一番の強み〉の重なりを理解する」ことの一例です。

いくつかの強みは補完し合えますが、〈一番の強み〉が認識されなければ、誤解が生じる可能性があり、激しい衝突が起きることもあります。

例えば、ナッシュビルのイベントで会ったバーバラは、私の講演会が終わると、泣きながら近づいてきました。年老いた父親は体の衰えを感じているのに、介護についての娘の提案をすべて拒否するというのです。

「私たちは喧嘩が多く、とりわけ母が亡くなった後にひどくなりました。素敵な老人ホームを選び、父の主治医と計画を立てましたが、父は『死ぬときは死ぬんだ。お前にあれこれ指図されたくない』と言い張るんです。診断テストのおかげで、私の〈一番の強み〉は〈成果を出す力〉、父は〈楽観の力〉と〈自分を支える力〉だと気づきました。だから私たちはうまくいかないのです。私はあらゆることをコントロールして父を管理しようとしていて、父はとにかく放っておいてほしいんです。私がこだわりを捨ててもっと楽観的になれば――そして父が、私が母がしそうなことを代わりにやろうとしていると気づいてくれたら――私たちは、残された一緒に過ごせる時間を最大限活用できるのに……」

バーバラは、父親との関係を共感力と思いやりの心で見つめることができ、互いへの愛情を強めるような関わり方に変えるという選択をしました。

「あの人はわかってくれない」はなぜ起きるのか？

互いの持つ〈一番の強み〉が衝突することは大いに考えられます。例えば、〈目立つ力〉が〈一番の強み〉である兄弟姉妹のケースに戻りましょう。この強みがあなたの〈自信の言語〉に入っていないとしたらどうでしょう？　むしろ、あなたが内向的だとしたら？

相手があなたからの評価を常に求め、十分な称賛を得られないことに不満を感じているのは、これが理由ではないでしょうか。相手が肯定する言葉を欲しがっているときに、あなたから歩み寄って適応することはできますか？

あなたの生来の性格ではないにせよ、絆を強めるために、少し頑張りたいところです。その逆も同様です。相手は、あなたが静けさを求めているときを察して、外向的な態度を和らげることができるでしょうか？

良いことも多すぎると衝突につながります。〈主導する力〉タイプの2人を一緒にすると、どちらが主導権を握るかでもめることが予想されます。〈目立つ力〉タイプが2人いれば、注目を集めたい思いが勝って、仕事があまり進まないかもしれません。

〈一番の強み〉が衝突する場合に最大限の成果を出すために、次のことに取り組んでみましょう。

〈一番の強み〉が重なる・重ならない人との関係性

		〈一番の強み〉が100%重なる
共通点：私たちは互いの〈与える力〉の気質を理解している	改善とサポート	互いを高めるために新たに習得したほうが良い〈一番の強み〉はある？　新たな強みを追加して、助け合いたい？　２人とも〈楽観の力〉と〈自分を支える力〉を持っていないとしたら、喪失を経験したときに、互いの回復を助けることができないのでは？
	衝突と適応	対立することがある？　両方が〈主導する力〉を〈一番の強み〉に持っているなら、どちらかが主導権を譲る必要があるかもしれない。

		〈一番の強み〉が一部重なる
同じ〈一番の強み〉	共通点	２人とも〈成果を出す力〉が〈一番の強み〉。共同作業の方法として、指標と勝利を重視する。
	衝突と適応	２人とも〈成果を出す力〉のスコアが最も高いので、互いに競争しすぎる場合がある？
異なる〈一番の強み〉	補い合う	異なる強みについて、互いに補い合うことはできる？　相手が最もスコアが高いのは〈頭脳の力〉で、自分が最もスコアが高いのは〈目立つ力〉。協力して仕事を完了させ、効果的なコミュニケーションを取ることができる。
	学ぶ	互いに相手から学ぶことはできる？　私がきちんと計画を立てて予定を守るのを助けてもらえる？　あなたがストーリーを制作して発表するのを手伝わせてくれる？
	衝突と適応	異なる強みが衝突につながることはある？　あなたの〈頭脳の力〉が直球すぎることが時々あるし、私の〈目立つ力〉が大げさすぎる可能性もある。

	〈一番の強み〉がまったく異なる
補い合う	異なる強みについて、補い合うことはできる？　あなたは〈成果を出す力〉、私は〈与える力〉を〈一番の強み〉に持っている。あなたは仕事に目標を持ち込み、私は育成をもたらすことができる。力を合わせて仕事をやり遂げましょう！
衝突と適応	異なる強みが衝突につながることはある？　あなたの〈一番の強み〉は〈主導する力〉。時々、あなたが融通が利かず、私の言うことを聞いてくれないと感じる。
学ぶ	お互いから学ぶことはできる？　私は、もっと堂々と人を導けるようになりたい。〈与える力〉についてはアドバイスができる。

◇互いの強み（とそのマイナス面）を認識して理解する。一緒に、互いの主な特徴と好みの働き方について話し合う
◇互いの強みをどのように補い合うかを決める。必要であれば、最大限の成果を出すために、各々が自分のスタイルを調整する

基本的な人間関係に活かす5つのコツ

自分の〈一番の強み〉を理解し、他人の〈一番の強み〉を認めるコツがわかったところで、人生に重要な5つの人間関係を上手に乗り切るコツをお教えします。すべての関係や〈一番の強み〉の組み合わせを解説するものではありませんが、大切な人と関わるときの「基本のコツ」をまとめました。

人間関係① 友人

心理学の研究から、女性同士の友人関係が「最強」だと判明しました。カリフォルニア大学ロサンゼルス校の画期的な研究によって、女友達と一緒にいることで、オキシトシンが放出し、「闘争・逃走反応」が和らぎ、心を鎮める効果が得られて、ストレスを打ち消せることが実証された

のです。(5) 医師のクリステン・フラーは、女同士の友情がいかに特別であるかについて、次のように述べています。

「女性は、人生でどんな困難に直面しても、乗り越えるために友人たちを頼りにすることができると感じています。女性にとって、お互いが精神的なサポートシステムなのです」(6)

この本を執筆中に、私はある読書クラブのメンバーの女性7人に調査を行いました。グループが結成されたのは数年前で、全員が母親であり、子育てに専念している人も働いている人もいます。診断テストを受けてもらったところ、全員が結果をシェアしたがりました。友達なので、互いの強みに興味があり、成長をサポートし合いたいと考えたのです。

すると全員が〈与える力〉と〈頭脳の力〉のスコアが最も高いことがわかったのですが、これは考えてみれば納得がいくことです。メンバーたちは月に一度集まって本を読んで議論しています(〈頭脳の力〉)。そして、みんなにとって、このグループが唯一、安心して自分をさらけ出せる居場所であり、コロナ禍に何の非難もされずに応援し合えるはけ口だったのです(〈与える力〉)。また、診断の結果がそれぞれのメンバーにどんな意味があるのかという話題になり、次のような意見が出ました。

◇グループの最年長メンバーが、8つの〈一番の強み〉すべてにおいて高得点(8つすべてを持っているのは全体のわずか2%)。これが、全員がいつも彼女にアドバイスを求める理由

かもしれない

◇〈成果を出す力〉を持ち、子育てに専念している女性たちは、仕事が恋しくて仕方がないと話し、〈一番の強み〉を発揮できる新たな道を探してエネルギーを注ぎたがっている

◇〈成果を出す力〉が高得点ではなかった女性は、プレッシャーのかかる仕事に不満を感じているのは、それが原因かもしれないと気づいた

◇ある女性は、子どもを亡くした経験と悲しみが消えないことを打ち明け、〈楽観の力〉と〈創造する力〉が役に立ちそうだと話した

◇10年以上前にアメリカに移住した女性は、自分の〈一番の強み〉である〈創造する力〉を使って自分で新しい人生を作り上げてきたが、常に部外者のような気分だった。このグループには本当に受け入れられていると感じていた

このように、**互いの〈自信の言語〉を認め合うことで、この友人グループに新たな会話が生まれ、サポートの質が高まったのです。**とはいえ、私たちは異なる強みを使って人生を生きているため、女性同士の友情が争いの火種になることもあります。ダラスのワークショップに参加したサンドラは、こう打ち明けました。

「友達との関係にとても悩んでいるんです。診断テストの結果、〈主導する力〉と〈自分を支える力〉が満点でした。職場では、そのことが自分を助けることもあれば傷つけることもあります。

同僚は私が勝ち気なタイプだと知っていても責任を任せてくれますが、本当に悩んでいるのは私生活のほうなんです。冷淡で何でも思い通りにしたがる人だと思われていて、最近では、女友達の独身お別れパーティの招待を取り消されました。私がいると雰囲気が暗くなると思われたみたいです」

私は開口一番に、自分の強みを理解し（実際、この2つの〈一番の強み〉は、ほとんどの状況で有能であることと強い相関関係があります！）、その強みが人間関係を妨げると気づいている自分に誇りを持ってください、と伝えました。サンドラが否定しようとしたので、私はこう伝えました。

「心を開いて、あなたが傷ついていることを友人グループの誰かに打ち明けて、フィードバックをもらってください。弱みを見せることで思いやりが生まれますよ」

その後、一緒に会話のやりとりの練習をして〈与える力〉と〈楽観の力〉のテクニックを学びました。温かみが伝わるようにボディランゲージを変更し（彼女はいつも腕組みをして険しい顔でした）、体を開いて表情を和らげる練習をしました。

また、相手の最善に目を向けて質問をする練習もしました（「イベントはどうだった？　あなたなら、きっとうまくいったわよね」「ヨガのクラスを受けるって言ってたけど、調子はどう？　どんなところが楽しい？　次回行くときは私も合流したいわ」）。普段とは異なる強みを使って人と交流するためには、練習が必要なのです。

私自身、自分にはない強みを友人たちに見いだしていて、どんな状況にあっても、自分の生来の強みではない〈一番の強み〉を持つ友人を思い浮かべて、彼女だったらどう対処するだろう、とよく考えます。これは双方向で、グループ内で最も内向的な友人は、大きな会議でプレゼンテーションを行うときに「リサならどうするだろう?」とよく考えるそうです。

私が、IKEAで購入した大きなクローゼットの組み立てキットの箱を自分の部屋に数週間置きっぱなしにしていたときは、〈成果を出す力〉と〈頭脳の力〉タイプの友人に助けを求めました。すると、現れた彼女は準備万端で、説明書にすべて目を通し、ワードローブをひっくり返す工程など2人で作業するポイントを誘導してくれました。

解雇されたり振られたりしたときに、最初に電話をするのが〈与える力〉と〈楽観の力〉タイプの友人です。テイクアウトの食事とティッシュを持って一番乗りで来てくれます。友人関係のあらゆるやりとりを最大限に活用するために、次の3つを自問するといいでしょう。

①私の友人の強みは何?　友人から何が学べる?　私がその人に頼れるのはどんなとき?
②私はこの友情にどんな貢献ができる?
③過去に衝突したことはある?　その理由は何?　私たちは似すぎている?　違いすぎる?　それとも、それぞれの強みのネガティブ面が顔を出すから?

良好な環境で育った人もいれば、厳しい子ども時代を送った人もいます。家族との関係が密な人も、何年も口を利いていない人もいます。

言うまでもなく、こういった関係は、たいていは生まれついた環境によるものであり、自分が選べるものではありません。祖父母や両親や兄弟姉妹、子どもや親戚についての理解を深めることが、家族の絆を強めるヒントになります。

私が〈自信の言語〉を使って自分の家族について完全に理解したのは、つい最近のことです。台湾人は、心を開いてコミュニケーションを図るという感じではなく、自分の気持ちについて話さないのです――これっぽっちも。だから私は、家族をもっと深いレベルで理解しようとすることに、多くの労力を費やしてきました。

今の私には、〈成果を出す力〉と〈頭脳の力〉を〈一番の強み〉に持つ弟が、姉が最後まで見通しを立てないのが許せないことが理解できます。

逆に私がいらだつのは、弟が、外向的な私のエネルギーに匹敵するレベルでやりとりをしてくれないときです。私の持つ〈目立つ力〉と〈主導する力〉は、弟の〈自分を支える力〉と相容れないのです。でも、弟の強みが私を根底から支えてくれる瞬間もあります。

あるとき、スピーチを終えた私に聴衆のひとりが近づいてきて、私の話を批判しました。イベントのたびに自分の多くのエネルギーを注いでいる私は、ひどく動揺しました。スピーチは私にとって一番の得意分野なのです。批判されたことを弟に話すと、こんな言葉が返ってきました。「その人の意見を気にする必要がある？　自分では失敗したと思ってないんでしょう？　だったらそれで十分だよ！」

弟の〈自分を支える力〉のおかげで、私は〈目立つ力〉タイプの「人を喜ばせたい傾向」を克服することができたのです。

あなたも、自分の家族について、次の5つのことを、まずはひとりで、そして家族と一緒に考えてみてください。

①私たちを結びつける長所、共通する強みは？
②うまくいっているときの理由は？　同じ強みを発揮しているのか、互いの強みで補い合っているのか？
③支え合うときに、それぞれがどんな強みを使っている？
④最後に衝突したのはいつ？　その状況に対する取り組みの姿勢が、それぞれ異なっていた？
⑤別の方法で対処するには、どうすればよかった？　私が相手に合わせてスタイルを調整すべきだった？　その逆？

パートナー選びをするとき、たいていの人は相手の人柄や性格を重視します（「彼はすごく頭がいい！」「あの人は熱心で情熱的だ！」）。でも、時がたつと、そういった部分が素敵に見えなくなり、うっとうしさが増してきます（「知ったかぶり！」「やるべきことをリストにして押し付ける！」）。関係性に慣れすぎて、相手を見る目が曇ってしまうのかもしれません。

でも、まだ愛情が残っているのなら、改めてパートナーの〈一番の強み〉を理解するのが得策です。誰がゴミを出すかというささいなことから、子育てなどの重要な課題まで、もっと上手にやりとりができて、合わない部分を解決できれば素敵ですよね。

友人夫妻のカミラとブライアンは、一緒に診断テストを受け、結果を見るとすぐに「なるほど、納得です。だから私たちはうまくいっているんですね」と口をそろえました。

2人は共通して〈与える力〉と〈成果を出す力〉を持っているので、3人のお子さんの子育てや人生の価値観について意見が合います。家族のモットーは「最後まで頑張る」です。互いの強みで補い合っていることにもすぐに気づきました。

カミラは整理整頓が得意で、家族のスケジュール管理や生活の枠組み作りをしています（〈頭脳の力〉を発揮）。ブライアンは外向的で、計画や枠組みに喜びと楽しみをもたらします（〈主導する力〉と〈目立つ力〉が高得点）。カミラにとって、ブライアンの〈楽観の力〉は、とりわけ

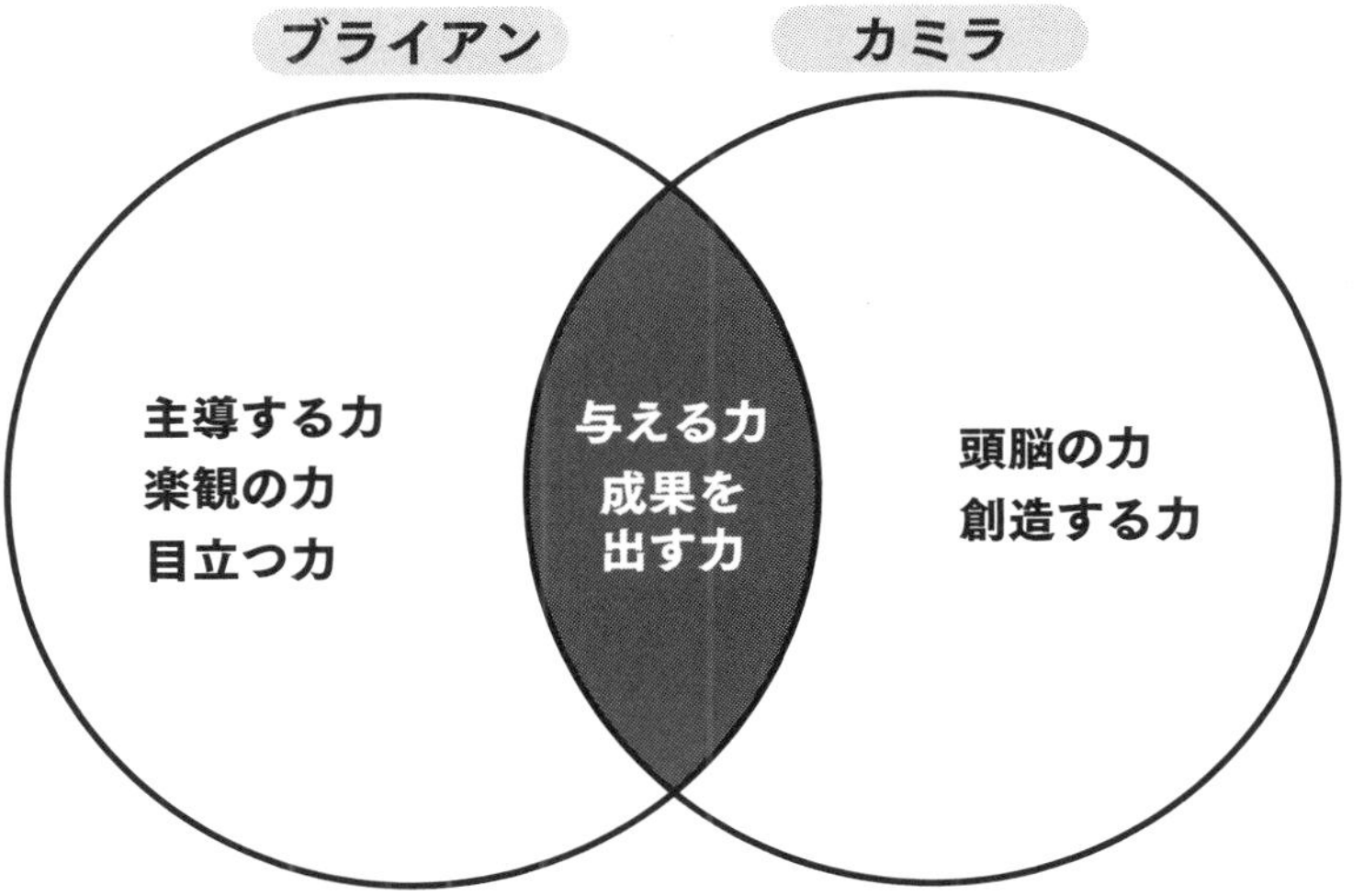

動揺を乗り越えるのを助けるという点で、夫婦間に楽観的な空気を運んできてくれます。ただし時々話がかみ合わないのは、2人が異なる強みを持ち、ブライアンが感情面を重視し、カミラが論理的であるからだと判明しました。

相手との関係が最高の状態のときは、互いの長所が認められ、評価されています。だから困ったときは、それぞれの強みで支え合い、辛い時期を乗り越えることができます。

関係が最悪のときは、互いの〈一番の強み〉が原因で対立する視点が生じたり、競い合ったり、共通点を見失ったりします。日常レベルのシンプルな衝突が起きる場合もあります。

例えば、友人のマギーは最近、ボーイフレンドのジャックと一緒に暮らし始めましたが、診断テストを受けて、自分がイライラする理由がわかったそうです。

「アパートがあまりにも暑いので、エアコンを新しく買うことになったの。するとジャックは何日もリサーチをして最適な一台を探したのよ。私だったら星が5つの高レビューの製品をさっさとカートに入れるのに。彼は〈頭脳の力〉タイプなので、あらゆる情報を徹底的に分析するの。私は〈創造する力〉と〈成果を出す力〉タイプだから、さっさと終わらせたい。あのときは怒ったけれど、よく考えたら、私は即決する性格で、彼は几帳面《きちょうめん》なのよね。長い目で見たら、この点については彼を信頼すべきだと思う。彼が選んだエアコンは、音がすごく静かだし、きっと長く使える。私たちは、単に異なる強みを持っているだけなのね」

〈自信の言語〉を通じて相手を見ることで、相手の強みがわかります。

大切な人と一緒に過ごした時間が長すぎて、恋人というよりルームメイトになっていませんか？　子どもの行事と自分の仕事の予定にはさまれて、多忙なスケジュールを調整するなかで、家庭をスモールビジネスの経営のように回していませんか？

始まったばかりの関係であれば、まだ「何もかもが愛しい」段階かもしれません。でも、長期にわたって必要な能力を持っているかどうかを確かめるのに、早すぎることはありません。パートナーに、一緒に診断テストを受けてもらうのもお勧めです。関係が3か月であっても30年であっても、大切な人との関係について、自問しておくべきことは、次の5つです。

①私のパートナーの強みは何？　私はその強みを認識している？　最も頼ることが多いのは、どの強み？
②私のパートナーは私の強みや貢献に気づいている？
③私は自分の強みを使って相手とコミュニケーションを取ってる？　もっと伸ばしたい点について相手に話せている？
④関係が最高にうまくいっていると思うとき、互いの強みをどのように活かしてる？　同じ強みを使っている？　それとも異なる強みを使っている？　将来の課題を乗り越えるために、過去の経験から学べることは？
⑤関係が最悪のとき、どんな性格が顔を出している？　それは、お互いの強みのネガティブ面？　それとも、お互いの視点が違いすぎるのが原因？　これから一緒に伸ばしていきたい〈一番の強み〉はある？

人間関係④　上司

上司との関係は、あなたのキャリアにとって極めて重要です。上司と良好な関係を築くことで、パフォーマンスを上げ、自信を高め、キャリアを向上させることができますが、多くの人が、関係の構築については後回しにしています。

上司に主導権を任せてしまう人が多いのですが、複数の研究から、その真逆、つまり積極的であることが、キャリアの目標達成に役立つことがわかっています。大半の上司が率先して関係性を築く部下に好感を持つからです。(7)バーチャルやハイブリッドの職場環境が普及し、対面の時間が当たり前ではなくなったので、関係の構築はなおのこと重要です。

また研究から、上司との関係が仕事の満足度の大きな要因であることがわかっていますが、残念なことに、この点に不満を持つ人がほとんどなのです。大多数の人が関係性の欠如を感じており、別の研究では、被験者の75%が、仕事の最大のストレスは上司との関係だと答えました。(8)

では、あなたが75%に入っているとして、どうすれば関係性を変えることができるでしょうか。まずは少し時間を取って、上司のリーダーシップの特徴について理解しましょう。上司は、どんな〈一番の強み〉を使っていますか?

第1章に登場したスーザンを覚えていますか?「君には品格がない」と告げられた、大手ヘルスケア会社の財務責任者です。スーザンによると、上司は〈主導する力〉と〈目立つ力〉の持ち主であるのに対し、自分は内向的なスタイルでチームの世話をする根っからの知性派です(〈成果を出す力〉〈頭脳の力〉〈与える力〉)。

上司は営業部出身で、威圧的で主導権を握る性格であり、完全に真逆の〈自信の言語〉を持っているように思えます。でも、私がスーザンに、重複している部分や共通点について説明をすると、上司ともっとうまくやりとりをする方法が見えてきました。私はスーザンに、次のような質問とアドバイスをしました。

少し時間を取って、上司について考えてみましょう。彼の強みは何ですか？　あなたと共通する強みは？　異なる点は？　この章の前半で紹介した「大切な人への理解を深め、強みを知るための質問リスト」を使うなどして上司の強みを特定し、270ページの「〈一番の強み〉が重なる・重ならない人との関係性」の表を参考に、共通点と相違点を踏まえてどんな行動をすべきかを理解してください。

「メンターはあなたが選ぶものではない。メンターに選んでもらえる人になりなさい」

これは私のお気に入りの言葉です。スーザンは上司とは異なる強みを持っていると気づいたことで、〈自分を支える力〉を発揮できるようになりました。

多くのやり方で付加価値をつけられると知り、フィードバックをもらっても負のスパイラルに陥らずに、落ち込む代わりに、上司の視点からフィードバックを解釈し、改善する役に立ちたいという思いをくみ取ることができるようになったのです。

もしあなたが似たような状況であれば、もっと強くなるために上司に助けを求めてください。では、指導してもらうためには、どうすればよいでしょうか？　例えば上司にこんなふうに伝えてみましょう。

「承知しました。フィードバックに感謝しています。明日からもっと積極的に関わらせてもらうために、私にできることを、『ひとつだけ』教えてください」

上司が「忙しすぎる」人であれば、成長を助けてもらうために、時間枠を取ってもらうようにお願いしましょう。時間をもらったら、次のことを行います。

◇自分の強みを理解してもらう
◇改善したい目標を明確に伝える
◇新たなスキルを習得する助けを求める

上司があなたの能力を最大限に引き出すポイントを伝え（「私は成果を出すことに価値観を置いています。明確なプロセスと指標があると成長できます」）、学ぶ意欲があることを表明し（「私は会議でもっと主導権を握りたいです。そのための方法をひとつ教えてくれますか？」）、上司と一緒に計画設定を行えば、上司との信頼関係を築くことができます。そして、このやりとりを率直に行えば行うほど、関係が強固になります。

こう書くと、理論上は簡単そうに見えますが、実際のやりとりに紆余曲折《うよきょくせつ》があることを、私は経験から知っています。それでもスーザンは、試着室の中で一緒に考えたアクションプランを実践しました。

まずは自分の〈一番の強み〉を心から信頼するところから始めて、自分の〈自信の言語〉を進化させることでレベルアップを図りました。上司との話し合いの時間を設定し、チームの成果や自分がいかに変化をもたらしたかを伝え、独自のやり方で貢献していることを認めてもらいました。新たに〈目立つ力〉を使う練習をして、聴衆にデータや数字だけではなく人柄にも魅力を感じさせるように、プレゼンテーションをレベルアップさせました。上司に〈主導する力〉と〈目立つ力〉の練習をしたいと率直に相談し、会議の後に必ずフィードバックをもらいました。

そしてついに最高財務責任者に昇進しました。スーザンの働きかけによって、長期的に周囲の見る目が変わり、貢献が評価されて新たなスキル習得の支援も受けられたのです。

難しい上司を持つ人もいますが、上司のタイプを分析することで、毎日をもっと楽しくできるかもしれません。上司の強み（とそのネガティブ面）について理解を深めてみましょう。関係を築く土台となる共通点が見つかれば関わりやすくなりますし、〈自信の言語〉が異なる場合には、状況を上手に読みながら、自分軸をしっかり持って相手との関係を乗り切ることが可能です。次の質問について考えてみましょう。

①上司の強みは何？　〈自信の言語〉が異なるとしたら、その人は私に、どのような指導ができる？　新たな働き方や考え方を学んで、自分のスタイルを補うことができる？

②私が職場で発揮している強みについて、上司が気づきそうにない、または当然と捉えていることがあれば、自己主張する必要がある？　私の能力を最大限に引き出す方法について、上司に伝えることができる？　信頼を築くという目的で、報復を恐れることなく、上司に進言

できる瞬間がある？

③この関係の主導権を握り、成長と発展のために真剣に取り組みたいという意思表示をするにはどうすればいい？

人間関係⑤　仕事仲間——同僚と部下

バーチャルを含めると、家族よりも同僚と過ごす時間のほうが長い人もいるかもしれません。チームの強みを認識することで、最高の作業環境が生まれます。同僚の〈自信の言語〉を知ることには、とてつもないパワーがあります。

とりわけ同僚の強みが自分と異なる場合は、相手の全体像を見るのに役立ち、それにより、はるかに包括的で多様性のある職場の基礎作りができるのです。

人間は、自分と同じような人を求めるので、自分に似た人や似たような背景を持つ人を昇進させてしまいがちです。でも、社会的属性ではなく価値観をベースにつながっていけば、人種や文化や社会経済要因が異なる人を昇進させるようになります。チームを知り、理解することで、信頼を築き、協力的な環境を作ることができます。そのことが、メンターシップを中心にした好循環を育むのです。これについては次の章でさらに説明します。

私自身、自分の能力を認識して他の人の〈自信の言語〉に目を向けるようになってから、内向的な性格の人と仕事をするのが大好きになりました。〈主導する力〉〈目立つ力〉〈創造する力〉タイプの私は、グループでアイデア出しをしたり、自分の考えを述べたり、壮大なアイデアを思いついたりします。でも、実行力や成し遂げる力が不足しています。

そこで、チーム内の〈成果を出す力〉と〈頭脳の力〉タイプの人が、時間をかけてプランを立て、スケジュールを作り、実際に仕事をやり遂げてくれるのです。彼女たちの強みは、私とはまったく違います。チームの全員が私とそっくりだと、問題が発生します。私は常に、私にはないスキルを補ってくれるチームメイトを称賛し、私自身の強みについて、その長所とネガティブ面の両方を伝えています。この点については信じられないぐらいオープンにしているので、みんな事情を察してくれるのです。

私は、チームのひとりひとりの役割と、その役割にどんな〈一番の強み〉が最適なのかを明確に把握しているので、人を採用するときには、必要とされる具体的な能力があるかどうかを見極めます。

例えば制作部の役割には、細かいプラン作りと実行力と指標が求められます。そこで、〈成果を出す力〉と〈頭脳の力〉を〈一番の強み〉に持つ人を探すのです。また、すべての候補者の〈与える力〉と〈創造する力〉を審査します。精神的に支え合えて、共に会社を築いていく喜びを感じられるチームメイトと一緒に働きたいからです。また、昇進の準備が整った人には、私のほうから積極的に持ち前の〈主導する力〉と〈目立つ力〉をコーチングします。

〈一番の強み〉が衝突して、人間関係に害を与えることもあります。これが解散した共同設立者たちの身に起きたのを、何度か見てきました。ある状況では、片方の共同設立者が〈主導する力〉と〈目立つ力〉の持ち主で、もうひとりが〈成果を出す力〉〈頭脳の力〉〈与える力〉タイプでした。前者が毎回スピーチを担当したがり、しょっちゅうSNSに投稿したりして、それ以外の仕事に関わろうとしないので、後者はあらゆる作業をひとりでこなし、その間にもうひとりがすべての手柄を独り占めしているように感じてしまいました。2人は仕事のスタイルのバランスを見いだせず、互いの貢献を評価できずに、最終的に事業を閉鎖してしまったのです。

別のケースでは、共に〈目立つ力〉を持つ友人同士が、2人で会社を共同設立しましたが、2人ともスポットライトを浴びたがり、どちらがメディアに出るかについての意見がまとまりませんでした。順番に交代する意志はなく、互いにサポート的な立場だと見られることを拒んだのです。注目をめぐる争いのせいで、会社を成功させるためにやるべき仕事がおろそかになってしまい、残念ながら、2年もたたずにパートナーシップを解消しました。

〈自信の言語〉をチームの再建に役立てることもできます。私が関わった若い会社の創設者は情熱的な性格で、チームメンバーとの間にいくつかの問題を抱えていました。何人かのマネージャーが、彼女に隠しごとをしていることが判明したのです。罰を恐れ、彼女の高い基準を満たすことに不安を感じていたのが理由でした。そのため、ミスを隠蔽して成果が上がらないという悪循環が生まれていたのです。

私は彼女のチームに〈与える力〉と〈楽観の力〉を導入するお手伝いをしました。前向きな意図を信じ、相互にサポートし、互いの最善に目を向けるという意識を育むと同時に、創設者からマネージャーたちに、ミスを率直に報告して大丈夫だと伝えてもらいました。ミスは学びのチャンスであり、一緒に改善していけばいいのだと。

また、状況をふり返る方法として（感情ではなく）事実を使い、チームを動かすために〈頭脳の力〉を取り入れるようにしました。そうして、時間をかけて信頼を立て直すことができ、売り上げ目標を上回ることができたのです。

チームの同僚と部下の長所を評価すること、そして各々の強みを称賛する言語を持つことが大切です。それぞれの長所を具体的に言語化することで、的を射たフィードバックが与えられ、それを実践につなげてもらいやすくなります。

例えば、「あなたにはもっと自信を持ってほしい」は「〇〇力（8つの強みのいずれかを入れる）を伸ばして、快適に使えるようにしてほしい」と言い換えてもいいでしょう。私たちは、自分と強みが同じでも異なっていても人間関係を築くことができますし、指導することも可能です。そして、個人と組織全体の両方に力を発揮できるのです。自信を高めるワークを次に示しますので、チームメンバーと一緒にやってみましょう。

①あなたが最も関わりが多い人について考えてみます。その人の〈一番の強み〉は何ですか？

②毎月、その人が〈一番の強み〉を発揮していた場面を認める時間を作りましょう。評価し、見守っていることが相手に伝わるように、できるだけ具体的な例を挙げてください

③定期的にフィードバックを与えましょう。予定されていた時間枠にこだわらず、タイミングを見計らって、長所を強化したり、新たに強みを伸ばしたりするためのアドバイスを提供してください

この章では、人間関係について多くのことを扱いました。**〈自信の言語〉を使ってアプローチすることが、大切な人をもっとよく理解するツールになります**。人の心を動かすための接し方がわかれば、人生のあらゆる分野で、より深く、有意義で、満足感が得られる人間関係を築くことができます。

第8章 〈なめられない私〉同士が手をつなぐ

第5章で友人のモニカの例を挙げたときに、会社の特別委員会の会議で、ある女性の幹部が、自己紹介の際に自分を卑下したことを書きましたが、全容をお伝えしていませんでした。一部を本章のために取っておいたのは、それが女性として、私たち全体の未来のためにすべきことを完璧に示していたからです。

モニカが洗いざらい話してくれた後に、私はこう質問しました。

「その女性に、会議での印象について、フィードバックを与えるつもりはあるの？」

するとモニカはこう言いました。

「どうして私が？　彼女のことをまったく知らないし、私より長く勤務している人に、そういうフィードバックを与えるのには抵抗があるわ」

「でも、沈黙することは共謀と同じよ。上司から彼女について質問されて、懸念を伝えたと言ったわよね。社内の女性に活躍してほしいと思わないの？」

モニカは困った顔をして私を見ました。

「もちろん、活躍してほしいわよ。そういう女性は多くはないから」

「いいけど、その女性について、あなたが何も言わなければ、あなたは上司の意見に賛同したことになる。彼女を助けないことによって、あなたは問題の一部になるのよ」

「リサ、私はそんなふうに考えたことがなかったわ……」

「じゃあ……どうするつもり？」

　2人は別の州からリモート勤務しています。そこで、次回その女性に直接会えるときに、モニカからお茶に誘い、次のようなことを伝えて、励ましとサポートを表明することにしました。

「私たちは共にこの会社で働く女性ですが、少数派です。普段は、それぞれの部署で孤立して、めったに顔を合わせませんが、離れているより一緒のほうが、力が大きくなります。私は皆が成功することを望んでいます。私にも同じ部分があると感じたので、お伝えさせてください。最初の会議で、あなたが必要以上に自虐的になっていることに気づいたんです。私も自虐的な性格を克服しなければならなかったので、お互いに助け合えると思います」

　モニカは数か月後、この女性の同僚の第一印象が間違っていたことを報告してくれました。本当はとても有能な人だったのです。モニカは、上司にコメントを訂正した上で、彼女との絆を深めるために一緒にお茶をする予定も立てました。

　自分の〈一番の強み〉に気づき、自分のパワーに目覚めた女性たちが団結すると、何が起きるでしょう？　友人、家族、同僚の女性同士の連帯の輪ができて、互いを高め合い、一緒にもっと多くのことができるようになるのです。**私は自分の経験から、帰属意識、つまりどんな状況でも支えてくれる人がいるという感覚が、人生を肯定することを知っています。**これまで私は、忠誠心あふれる起業家仲間のグループのおかげで、精神的・感情的に破滅せずに済んだという経験を何度もしてきました。

〈自信の言語〉を使って、私たちが活動する社会や文化を、もっと包括的で能力を発揮しやすい形に変えるには、どうすればよいでしょうか？　女性解放運動家のグロリア・スタイネムの言葉を借りれば、「真の社会改革を起こすためには、私たちは長距離ランナーになる必要がある。そして内面の強さがなければ、長距離ランナーになることはできない」のです。自ら声を上げて、自分の長所を中心に物語を再構築し、それを手柄にしていきましょう。そうすることで、ひとりひとりが偏りのない〈自信の言語〉のメッセンジャーになります。自分自身をアピールすればするほど、周囲や後に続く人たちに前例を作ることになります——そして、もっと他人の強みを認識するようになるでしょう。

やりにくいシステムを変える3つの方法

この作業を個人が各々行いながら、共同で行う際には互いにサポートすることが必要です。本書の基本的なレッスンのすべてを具現化することも大切ですし、それだけではなく、皆が一緒に成功するために求められる社会的な変化に参加することも必要です。システムを内部から変えるためには、①偏見を指摘する、②仲間意識のパワーを広げる、③ロールモデルから学び、応援する、という3つの方法がありそうです。

やりにくいシステムを変える方法① 偏見を指摘する

自信をテーマにした講演会やワークショップで、主催者からこんな質問を受けることがあります。

「リサ、あなたの話題は、男性にも当てはまる内容でしょうか？ さまざまな聴衆がいるので、彼らにも参加者意識を感じてもらいたいのです」

私は優雅にこう返事をします。

「もちろんです。私のレッスンはすべての人を対象としていて、女性も男性もノンバイナリーにも、誰にでも訴えかける内容です」

でも、心の声は煮えたぎっています。私が本当に言い返したかったのは、

「いい質問ですね！ ただし、あなたが男性の講演者全員に、あなたのメッセージは女性にも当てはまる内容ですか、と質問しているのであれば、ですが」

この種のゆがんだ見方の標的になったり、目撃したりしたことが、これまで何度あったことで

しょう？　この本を書くにあたり、私は自分自身の経験や、目撃した状況の共謀に直面してきました。そのたびに私は出来事を書き留めていました。私が沈黙していたときのこと、私が不平等な状況について友人に愚痴っていたときのこと、システムを変えるよりも楽だからと妥協していたときのことを。

自分が何も言わなかったときのことを思い出すと、加担してしまった原因は、単純ではありません。根本には、複雑なものがあります。私は時々、微妙に性差別的だったり人種差別的な（ジョークを装う場合もある）コメントに、疲れているから、忙しいから、単にいつものことだから、といった理由で反応しないことがあります。だからこそ女性が不当な扱いを受けた話を聞いて、怒りがわいてくる瞬間に注意を払うようにしています。

もし私たちが、自分のパワーに自信を感じられたら、一緒に何ができるでしょう？　私はすべての答えを知っているわけではありませんが、自分のために声を上げることと、他の人の助けを求めることが、最初の一歩です。

やりにくいシステムを変える方法②　仲間意識のパワーを広げる

まずは集団を見える形にすることが必要です。学術的な視点からは、『ハーバード・ビジネス・レビュー』誌の記事が、職場で成功する女性は女性同士の人間関係に支えられていると結論づけています。

「女性はネットワークの中心に位置することで、MBA後の就職面の恩恵も受けた。しかし、最高レベルの権限と報酬を得るエグゼクティブの地位を得るためには、学歴や職務経験といった男性同様の資格を持っていたとしても、それに加えて内輪の女性仲間の親しい関係を持つ必要もあった」(9)

女性が無条件に批判なく互いをサポートするとき、私たちは繁栄できるのです。**仲間意識にはすさまじいパワーがあります**。自信に満ちた女性が大勢いることは、この道のりを独りぼっちで歩んでいるのではないことの裏付けになります。

住宅ローン銀行協会（MBA）の最高執行責任者（COO）であるマーシャ・デイヴィスもまた、女性同僚のコミュニティの創設に尽力し、成功したエグゼクティブのひとりです。マーシャが住宅ローン銀行業界で出世を重ねた時代には、夫の名前を口座に登録していない独身女性は銀行口座を持てませんでした。彼女がこの事実を身をもって知ったのは、最初の夫と離婚して、アパートの家賃の頭金を払うだけの現金をなんとか貯めなければならないときでした。

その後、職場で昇進話を検討していたとき、上司に相談して、新しい役割を引き受けるのに見合う給料を要求し、承認を得ました。そして2015年、サンディエゴで開催するMBAの年次総会を計画中に、女性との小規模な昼食会を主催することに決めました。

「出張に出かけるたびに、同業の女性の知り合いがいない女性に出会いました。そこで、何か女性同士の集いの場を設けたいと思ったのです。送った招待状は75通だったのに、昼食会に150人もの女性が集まっていて、とても驚きました」

これをきっかけに、マーシャは女性のためのネットワークを創設し、「女性の手の届く範囲を伸ばす機会を促進するMBA（MBA Promoting Opportunities for Women to Extend their Reach）」の頭文字を取って「mPower」と名付けました。そして2023年、オンラインコミュニティには全国に9000人以上のメンバーがおり、熱烈なリクエストを受けて、MBAの年次総会に女性限定でつながり、学び、刺激を受けるためのイベントを1日追加することになりました。マーシャはこう話しています。

「キャリアの初期に、活発な素晴らしい女性と一緒に仕事をしました。その人は私の仕事を擁護し、人を導く方法を教えてくれました。彼女のリーダーシップの教訓は、今も実践しています。この業界の女性全員に、伝えていきたいと思っています」

厳しいときも、独りぼっちではありません。互いに腕を組めば、誰かが引き倒すのは、はるかに難しくなります。

やりにくいシステムを変える方法③　ロールモデルから学び、応援する

〈自信の言語〉を鍛えることは、自分だけではなく、誰かのためにもなります。自分の〈一番の

強み〉をしっかりと意識し、他の人の〈一番の強み〉を認識できれば、あなた自身が、他者を思いやるお手本になれることでしょう。私たちは影響を受けながら、影響を与えています。自分の輝きの中に足を踏み入れて、その光で他の人を照らしましょう。

「女王蜂症候群」という、女同士の足の引っ張り合いという既存の概念を、今度こそ完全に打ち負かす必要があるからです。乗り越えるべき相手は、私たちを阻むあらゆる勢力だけではないのです。私は、女同士が足を引っ張るという定説を覆すひとりになりたいと願っています。**上昇するときに、チャンスを見つけて他の女性たちを引っ張り上げる必要があるのです。**

また、性自認の多くは、他者を観察することから学ぶので、自分の取り組みが、誰かの可能性を広げる模範になることもあります。私たちは意識的にも無意識的にも、母親や姉妹、クラスメイトや同僚の真似をしています。私たちが標準として受け入れていることの多くは、他者から学び、他者に基づいて実行されているのです。だから、私たちはロールモデルとして自分の力を発揮する必要があります。女性が経営する会社から商品を購入する、というシンプルなことでもいいのです。

他の女性が大きな成功を収めるのをサポートできるのは、とても嬉しく、光栄なことです。ミンディ・グロスマンが私に語った次の言葉の通りです。

「私は他の人を成功させることに重点を置いてきました。なぜなら、そうすることで、すべての人がもっと成功できるから。次世代のリーダーシップを確立できるのです」

私たちが活動する社会の形を変えるためには、何よりもまず私たちがその社会に参加することが必要です。そして変化の主体となり、他の女性に力を貸すのです。少し時間を取って、誰があなたの「困ったときの緊急連絡先」のリストに入っているのか、そして、あなたが誰のリストに入っているのかを書き出してみましょう。

私たちが私たちをたたえ合う

2023年、俳優のミシェル・ヨーが映画『エブリシング・エブリウェア・オール・アット・ワンス』でゴールデン・グローブ賞主演女優賞（映画・ミュージカル・コメディ部門）にノミネートされ、初受賞しました。この瞬間、注目に値したのは、受賞が発表されたときに隣の席に座っていた共演者のジェイミー・リー・カーティスの歓喜にあふれた反応でした。写真のジェイミーは両腕を頭上に高く上げて声援を送り、ミシェルは感極まって両手で顔を覆っています。

ジェイミーは「自然に感情と喜びがあふれた瞬間が、他の女性をサポートする女性のある種の象徴になったことに、今でも驚いています」とコメントしました。この写真を世に広めたジェンダー平等の企業「エラ」の創設者兼CEOのエリン・ギャラガーは、写真をSNSで共有し、「女性がライバルだという思い込みを捨て去ろう」と行動を促すと共に、こう呼びかけました。

「あなたのジェイミーを見つけてください。誰かのジェイミーを宣伝してください。彼女のジェイミーになってください」

他の女性の勝利は、あなたの勝利を奪うものではありません。彼女の勝利は、私たち全員の成功をさらに拡大するのです。

私は、この旅路の途中で出会う皆さんの勝利を、心から喜んでいます。そして、〈一番の強み〉のパワーを完全に開花させたあなたにも、この流れを他の人につなげていってほしいと願っています。ジャーナリストのジュリ・フラガは、この感情について『ニューヨーク・タイムズ』紙の寄稿でこのように説明しています。

「他人の幸運に喜びを見つけることを、社会科学者は『フロイデンフロイデ』と呼んでいます。この用語は、たとえ自分に直接関わりがなくても、私たちが感じる至福を表す言葉（ドイツ語の『喜び』からインスピレーションを得たもの）です」

彼女は続けて、生活満足度の向上、回復力の向上、紛争時の協力の増加など、フロイデンフロイデのプラスの効果について記しています。(2) **他人の負けを喜ぶゼロサム思考を終わらせたとき、私たち全員が一緒に勝利するのに役立つ「社会的接着剤」になって、互いの成功を祝福し合えるようになります。**

私がこの本を書き上げようとしていたのは、講演ツアーの最中でしたが、ヒューストンの女性指導者グループと話をした後、ある幹部が私に次のようなメールを送ってきました。

「あなたと共に、私の〈一番の強み〉を発見できて楽しかったです。あなたは究極のチアリーダーですね。私は世界を征服する準備を整えて、部屋から出ることができました」

なぜ私が躊躇せずに他人を応援できるのかを深く掘り下げてみると、これが自分の人生における「品格の芯」であることに気づきました。私は人との比較や妬みから解放された、とても安定した自己意識を持っているので、他の人を心の底から祝福することができるのです。他の人の強みを認め、長所を伸ばすような関わり方をすることができることは、究極の品格なのかもしれません。

私はシスターフッド、つまり「共通の関心によって結ばれた女性のコミュニティ」という概念が大好きです。そのシスターフッドの土台に〈自信の言語〉がしっかりと存在すれば、いったいどんなに素敵なことが達成できるでしょう？

おわりに

不安を乗り越えて生きる

このページにたどり着いてくださったあなたへ。私と一緒に旅を続けてくださり、ありがとうございます。自信を持つという選択をし、自分の強みを信じて、可能性を探求して人生の同心円を広げる勇気を持ってくださったことに感謝します。

少し時間を取って、ここまでの長い道のりを見つめてください。時に私たちは、頂上を見ることに意識を集中しすぎて、自分が足跡をつけてきた地面の広さをふり返るのを忘れてしまいます。進捗を確認することは、それ自体が自信の構築になります。また、それは時間を切り取った記念写真ではなく、これからも一生続けていくリアルな作業であり、私は今もなお日々取り組みを続けています。

とりわけ、他人からどう思われるかを気にかける不安を手放し、私が人を愛するのと同じ思いで自分を愛することが課題です。「内なる批判者」が去ることは永遠にありません。だから〈一番の強み〉の大音量でその声をかき消してしまうのです。私たちは、不安を乗り越えた場所へとたどり着きました。

不安を乗り越えて生きることとは、自分の中にある不安を疑わずに生きることと同義ではありません。過去の疑心暗鬼を乗り越えるということはつまり、硬直した「不足思考」から脱出すること。そして、〈一番の強み〉の〈自信の言語〉を燃料にして、勇気と思いやりと人とのつながりを基盤にした成長志向のマインドセットで、日々を生きることです。

自信を言語化できれば、ありのままの自分を見て、待ち受けているチャンスや課題をうまく乗り切る力になります。それは恐れや羞恥心や罪悪感を超越して生きる助けになります。

読者のあなた、そしてすべての女性に、今後私が望んでいることは何か。それは、近い将来、皆さん全員の〈主導する力〉〈目立つ力〉〈創造する力〉〈自分を支える力〉の資質が増えることです。なぜなら、この4つの〈一番の強み〉は、ほぼすべての状況において、私たちの自信を2倍にも3倍にもしてくれるからです。

長期的な私の夢はというと、8つの〈一番の強み〉すべてが等しく価値のある世の中になることです。20年後に私たちが同じ定量的調査をしたときには、人生に満足している人の数が増え、非常に困難な状況を自信を持って乗り切る女性が増えている――ぜひとも、そう予測したいと思います。

世界中のあらゆる人たちに目撃してもらいましょう。私たちは「品格に満ちた、なめられない私」です。

訳者あとがき

「私たちは、なめられない品格を持っている」

本書『なめられない品格　誰からも信頼されるようになる8つの力』の原書のタイトルは『GRAVITAS』。「重み」「貫禄」「威厳」といった、ずっしりと重たいニュアンスの言葉だ。同じ語源の「gravity」が「重力」の意味であることからも、下方向へと引っ張る力であるというイメージがわく。本文中に頻出し、なんせ著者が立ち上げた会社名でもあるので、間違いなくキーワードなのだが、このタイトルをどう訳せば、この本を届けたい読者の心に響くだろうか……。

さんざん悩み、編集部の方とのやりとりを繰り返しているうちに提案されたのが、「なめられない品格」だった。

「GRAVITAS」の辞書上の定義には「なめられない」という意味は含まれていないのだが、著者が本書を通じて言いたかったのは、まさにそういうことだ。友人に「どう思う?」と聞いてみると、「なめられる……あるある、わかる!　いいね!」と共感してくれて、心を強くした（この場を借りて感謝）。凛とした佇《たたず》まいと、静かな迫力、内面からにじみ出る自信が感じられる、邦訳版にふさわしいタイトルになったと思う。

本書は、人から好かれるコツを教える本ではない。人との争いに勝つ方法を伝授する本でもない。自分自身を深く知り、自分の強みを尊重して活かす方法を学ぶ本だ。この本で伝えたいのは「自分自身を愛すること」であると、著者は「はじめに」に記している。

著者リサ・サンは、台湾からアメリカに移住して起業した両親に育てられた。成功への扉を開くのは教育である、という方針のもと、賢明に勉学にいそしみ、世界的な経営コンサルティング会社マッキンゼー・アンド・カンパニーにビジネスアナリストとして入社。小柄でアジア人で女性、という属性もあって、職場で抑圧されている、過小評価されていると感じる悔しい経験もした。

11年勤めて退社し、ひとり旅をして自分を見つめ直し、女性に似合う服を選ぶセンスの良さを仕事に活かそうと2013年にグラビタス社を設立。幅広いサイズ展開のドレスを販売し、コンサルティングを通じてフィットした服を提供することで、その人の本来の魅力を引き出し、自信を促進してきた。そんな著者が、これまでの経験と調査データと知見を総動員して、「なめられない品格」の持ち方を伝授してくれるのが本書である。

「自分の強みを評価し、それを発揮したときに真の自信を感じる」という気づきを得た著者は、自信のタイプを8つに分類（本書に診断テストと詳しい解説がある）。その8つが、〈主導する力〉〈目立つ力〉〈成果を出す力〉〈与える力〉〈頭脳の力〉〈創造する力〉〈楽観の力〉〈自分を支える力〉

だ。自分の得意分野を知ることで自信が促進されて能力を発揮しやすくなり、成長させたい分野を意識することで、自己実現に近づくことができるのだ。

心強いのは、自分の強みは「使っているうちに、筋肉のように強化され」、年齢と経験値が上がるにつれて、強みの数が増えていくこと。そして「ボスらしい言動」だけではなく、「共感力」や「思いやり」も、立派な自信の源であることだ。また、他人の「強み」について理解することで、コミュニケーションが円滑になったり、チームを組んで補い合い、よりよい成果につなげることもできる。

自信の定義はひとつではなく、もっとインクルーシブなものだ、と著者は強調する。全員がこぞって外向的なリーダーやパフォーマーになる必要はない。口調が穏やかであっても、静かに支えるタイプであっても、注目を集めるパフォーマンスをしなくても、自信の形は人それぞれだ。自信のマントをまとうことで、自分を守りながら能力を発揮し、他人を助けることができ、内面から「なめられない品格」がにじみ出るのだ。

著者は執筆中に、ニューヨーク近代美術館でリチャード・セラの巨大な彫刻作品に出合う。1個40トンもの重さの鍛造スチールの8つの直方体を2つずつペアにして積み重ねた「イコール」という作品だ。著者はこう記している。

「作品の周囲を歩きながら、私は8つの〈一番の強み〉を思い出さずにはいられませんでした。自分が持つ〈一番の強み〉を積み重ねて、〈自信の言語〉を築く。組み合わせは違っても、それぞれが唯一無二であり、等しく価値があるのです」（209ページより）

自分の強みを強化すると同時に、相手の強みを認めて尊重し合うことの大切さは、著者自身が経営者としての社会経験から学んだことだ。助け合って補い合い、お互いをたたえ合う。それもまた、本書の大切なメッセージだ。

本書には、さまざまな「悔しい！」を経験し、著者のコンサルティングを通じて新たな一歩を踏み出した女性の例が多く登場する。「あるある、わかる！」と共感しながら、8つの「一番の強み」の解説をぜひ役立ててほしい。多くの人に、「なめられない品格」そして理想の人生を手にするために、本書を活用してもらえたら幸いです。

鹿田昌美

Expressions Improve Teammates' Cardiovascular Stress Responses." *Journal of Experimental Psychology*. General 151(12): 3281–91. pubmed.ncbi.nlm.nih.gov/35708951.

2. Holt-Lunstad, J., T. B. Smith, M. Baker, T. Harris, and D. Stephenson. (2015)."Loneliness and Social Isolation as Risk Factors for Mortality: A Meta-Analytic Review." Perspectives on Psychological Science 10(2): 227–37.
3. Ayers, Keith. "Trust Is the Key to High Performing Organisations: Here's How to Build It." Intégro.integro.com.au/trust-is-the-key-to-high-performing-organisations-heres-how-to-build-it.
4. Wallace, David Foster. "This Is Water." commencement speech. fs.blog/david-foster-wallace-this-is-water.
5. Taylor, S. E., L. C. Klein, B. P. Lewis, T. L. Gruenewald, R. A. Gurung, and J. A. Updegraff. (2000). "Biobehavioral Responses to Stress in Females: Tend-and-Befriend, Not Fight-or-Flight." *Psychological Review* 107(3): 411–29. pubmed.ncbi.nlm.nih.gov/10941275.
6. Fuller, Kristen. "The Importance of Female Friendships among Women." *Psychology Today*, August 16, 2018. psychologytoday.com/intl/blog/happiness-is-state-mind/201808/the-importance-female-friendships-among-women.
7. Russo, Marcello, Gabriele Morandin, and Massimo Bergami. "What You Need to Build a Good Relationship with Your New Boss." *Harvard Business Review*, September 2, 2021. hbr.org/2021/09/what-you-need-to-build-a-good-relationship-with-your-new-boss.
8. Abbajay, Mary. "What to Do When You Have a Bad Boss." *Harvard BusinessReview*, September 7, 2018. hbr.org/2018/09/what-to-do-when-you-have-a-bad-boss.

第8章

1. Uzzi, Brian. "Research: Men and Women Need Different Kinds of Networks to Succeed." *Harvard Business Review*, February 25, 2019. hbr.org/2019/02/research-men-and-women-need-different-kinds-of-networks-to-succeed.
2. Fraga, Juli. "The Opposite of Schadenfreude is Freudenfreude. Here's how to cultivate it." *The New York Times*, November 25, 2022. nytimes.com/2022/11/25/well/mind/schadenfreude-freudenfreude.html.

sversus Burdens: An Experimental Investigation of Gratitude and Subjective Well-Being in Daily Life." *Journal of Personality and Social Psychology* 84, no. 2:377–89. doi.org/10.1037/0022-3514.84.2.377.

12. Maltby, Anna. "Mika Brzezinski Speaks: How Getting Fired Saved My Career." Marie Claire (blog). marieclaire.com/career-advice/tips/a5776/mika-brzezinski-interview/

13. 満足度は、次の質問に対する総合評価で上位2つのボックス（6または7）に入るものと定義される。「次の項目について、私生活にどの程度満足していますか？」「次の項目について、仕事にどの程度満足していますか？」「次の項目について、直近の仕事にどの程度満足していますか？」（1から7のスケールで評価してください。1＝まったく満足していない、7＝非常に満足している）。

〈パート3〉

第5章

1. Castrillon, Caroline. "How Women Can Stop Apologizing and Take Their Power Back." *Forbes,* July 14, 2019. forbes.com/sites/carolinecastrillon/2019/07/14/how-women-can-stop-apologizing-and-take-their-power-back/?sh=24ad67a24ce6.

2. May, Cindi. "The Advantages of Not Saying You Are Sorry." *Scientific American,* July 2, 2013. scientificamerican.com/article/advantages-of-not-saying-you-are-sorry.

3. Hall, John. "Stop Saying 'I'm Sorry.' Research Says It Makes Others Think Less of You—Here's What Successful People Do Instead." CNBC, June 8, 2020. cnbc.com/2019/04/16/saying-im-sorry-can-make-people-think-poorly-of-you-research-heres-what-successful-people-do-instead.html.

4. Mohr, Tara Sophia. "Helping an Employee Overcome Their Self-Doubt." *Harvard Business Review,* October 1, 2015. hbr.org/2015/10/helping-an-employee-overcome-their-self-doubt.

第6章

1. Ericsson, K. A., R. T. Krampe, and C. Tesch-Römer. (1993). "The Role of Deliberate Practice in the Acquisition of Expert Performance." *Psychological Review,* 100(3): 363–406.

2. University at Buffalo. "Study Confirms: Whatever Doesn't Kill Us Can Make Us Stronger." ScienceDaily, October 15, 2010. sciencedaily.com/releases/2010/10/101015125645.htm.

第7章

1. Gu, Yumeng, J. M. Ocampo, S. B. Algoe, and C. Oveis. (2022). "Gratitude

December 7, 2018. nytimes.com/2018/12/07/business/michelle-obama-women-having-it-all.html.
11. Mattison, Ben. "Women Aren't Promoted Because Managers Underestimate Their Potential." *Yale Insights*, September 17, 2022. insights.som.yale.edu/insights/women-arent-promoted-because-managers-underestimate-their-potential.

〈パート2〉

第4章

1. 定量調査では、回答者に次のように質問した。「これは、人生でたびたび直面する状況の一覧です。この状況を経験したことがあるか、または状況が想像できるかどうかにかかわらず、この状況に対処できる自信をどの程度持っているかを教えてください。1から5のスケールで評価してください。1はまったく自信も能力もない、5は非常に自信および能力がある」。結果は、上位2つのボックスのパーセンテージ（4または5）を反映している。
2. Sivers, Derek. "First Follower: Leadership Lessons from a Dancing Guy." February 11, 2010. sive.rs/ff.
3. Mayo, Margarita. "To Seem Confident, Women Have to Be Seen as Warm." *Harvard Business Review*, July 8, 2016. hbr.org/2016/07/to-seem-confident-women-have-to-be-seen-as-warm.
4. Conant, Douglas R. "Secrets of Positive Feedback." *Harvard Business Review*, February 16, 2011. hbr.org/2011/02/secrets-of-positive-feedback.
5. Duncan, Rodger Dean. "Your Life Story May Say a Lot about Your Leadership." *Forbes*, March 5, 2020. forbes.com/sites/rodgerdeanduncan/2020/03/05/your-life-story-may-say-a-lot-about-your-leadership/?sh=6377d8737827.
6. Cable, Dan. "How Humble Leadership Really Works." *Harvard Business Review*, April 23, 2018. hbr.org/2018/04/how-humble-leadership-really-works.
7. Brzezinski, Mika. *Know Your Value: Women, Money and Getting What You're Worth*. New York: Hachette, 2012, 2018.
8. Johnson, Stephen. "'Zuckerbergism': Why the Young Founder Myth Is a Trap for Entrepreneurs." Big Think, December 10, 2019. bigthink.com/the-present/young-entrepreneurs.
9. Herrmann, Ned. "What Is the Function of the Various Brainwaves?" *Scientific American*, December 22, 1997. scientificamerican.com/article/what-is-the-function-of-t-1997-12-22.
10. Gerdeman, Dina. "Clayton Christensen: The Theory of Jobs to Be Done." HBS Working Knowledge, October 3, 2016. hbswk.hbs.edu/item/clay-christensen-the-theory-of-jobs-to-be-done.
11. Emmons, Robert A., and Michael E. McCullough. (2003). "Counting Blessing

参考文献 ※URLは2024年5月現在のもの

〈パート1〉

第1章

1. Klein, Ezra. "The Subtle, Sexist Whispering Campaign against Janet Yellen." *The Washington Post*, July 19, 2013. washingtonpost.com/news/wonk/wp/2013/07/19/the-subtle-sexist-whispering-campaign-against-janet-yellen.
2. Goldberg, Emma. "A Two Year, 50-Million Person Experiment in Changing How We Work." *The New York Times*, March 10, 2022. nytimes.com/2022/03/10/business/remote-work-office-life.html.
3. "Manipulating Brain Activity to Boost Confidence." *ScienceDaily*, December 15, 2016. sciencedaily.com/releases/2016/12/161215085902.htm.
4. *Women in the Workplace 2022*, LeanIn.org and McKinsey & Company, womenintheworkplace.com.

第2章

1. Fox, Kate. "Mirror, Mirror: A Summary of Research Findings on Body Image." Social Issues Research Centre, 1997. sirc.org/publik/mirror.html.
2. Simpson, Alison. "Majority of Women Struggle with Self-Eteem Issues." We Are the City, March 8, 2021. wearethecity.com/majority-of-women-struggle-with-self-esteem-issues.
3. "Social Comparison Theory." *Psychology Today*, n.d. psychologytoday.com/us/basics/social-comparison-theory.
4. Kay, Katty, and Claire Shipman. "The Confidence Gap." *The Atlantic*, May 2014. theatlantic.com/magazine/archive/2014/05/the-confidence-gap/359815.
5. Zenger, Jack. "The Confidence Gap in Men and Women: Why It Matters and How to Overcome It." *Forbes*, April 8, 2018. forbes.com/sites/jackzenger/2018/04/08/the-confidence-gap-in-men-and-women-why-it-matters-and-how-to-overcome-it/?sh=-733ca5963bfa.
6. Purushothaman, Deepa, Lisen Stromberg, and Lisa Kaplowitz. "5 Harmful Ways Women Feel They Must Adapt in Corporate America." *Harvard Business Review*, October 31, 2022. hbr.org/2022/10/5-harmful-ways-women-feel-they-must-adapt-in-corporate-america.
7. Shipman and Kay. "The Confidence Gap," May, 2014.
8. Simpson. "Majority of Women Struggle with Self-Esteem Issues."
9. Brooks, Arthur C. "How to Want Less." *The Atlantic*, February 8, 2022.theatlantic.com/magazine/archive/2022/03/why-we-are-never-satisfied-happiness/621304.
10. Salam, Maya. "Does 'Having It All' Mean Doing It All?" *The New York Times*,

なめられない品格
誰からも信頼されるようになる８つの力

2024 年 7 月 15 日　第 1 刷発行

著　者　リサ・サン
序　文　山口真由
訳　者　鹿田昌美

発行者　矢島和郎
発行所　株式会社 飛鳥新社
〒 101-0003
東京都千代田区一ツ橋 2-4-3　光文恒産ビル
電話 03-3263-7770（営業）　03-3263-7773（編集）
https://www.asukashinsha.co.jp

装　丁　大場君人
校　正　小出美由規

印刷・製本　中央精版印刷株式会社

ISBN978-4-86801-024-1

編集担当　市原由衣